D1746766

Udo Derbolowsky

Psychoanalyse ohne Geheimnis

*Grundregeln und Heilungsschritte
am Beispiel von AGMAP*

Birkhäuser Verlag
Basel · Boston · Berlin

Herausgegeben von T. Graf-Baumann

CIP-Titelaufnahme der Deutschen Bibliothek
Derbolowsky, Udo:
Psychoanalyse ohne Geheimnis : Grundregeln und Heilungsschritte am Beispiel von AGMAP / Udo Derbolowsky. [Hrsg. von Toni Graf-Baumann]. – Basel ; Boston ; Berlin : Birkhäuser, 1990
ISBN 3-7643-2482-1

Das Werk ist urheberrechtlich geschützt. Die dadurch begründeten Rechte, insbesondere die der Übersetzung, des Nachdruckes, der Entnahme von Abbildungen, der Funksendung, der Wiedergabe auf photomechanischem oder ähnlichem Wege und der Speicherung in Datenverarbeitungsanlagen bleiben, auch bei nur auszugsweiser Verwertung, vorbehalten. Die Vergütungsansprüche gemäß § 54, Abs. 2 UrhG werden durch die «Verwertungsgesellschaft Wort», München, wahrgenommen.

© 1990 Birkhäuser Verlag Basel
Umschlaggestaltung: Zembsch' Werkstatt, München
Printed in Germany
ISBN 3-7643-2482-1

Inhalt

Psychoanalyse ohne Geheimnis 7
Ambulante gruppenzentrierte multimodal-integrierte
analytische Psychotherapie (Agmap) 12
Das Einführungstonband für A-Einzelsitzungen 23
Aus einer ersten Behandlungsstunde 36
Die Aufgaben des Analytikers 38
Faktoren im Verhalten des Patienten, die für die Prognose
wichtig sind 42
Zwischenbemerkung 46
Das Einführungstonband für B-Sitzungen 47
Das Einführungstonband für A-Gruppensitzungen 52
Aus einer vierten A-Einzelstunde 58
Das Einführungstonband für R-Gruppensitzungen 63
Zwischenbemerkung 67

Niederschriften der Kurztonbänder
  Stuhl und Decke I 69
  Stuhl und Decke II 73
  Stuhl und Decke III 77
  Stuhl und Decke IV 82
  Das Gummibommelchen 86
  Egoismus (Der Römische Brunnen) 88
  Die Hirsche 93
  Die jungen Hunde 96
  Müllers und Schulzes 99
  Das Fünfminutenprogramm 102
  Wunschzettel 106
  Kommunikationsübungen I 110
  Kommunikationsübungen II 114
  Kommunikationsübungen III 117
  Kommunikationsübungen IV 120
  Kommunikationsübungen V 123

Die Lambano-Arbeit 125
Materialien und Arbeitstechniken 128
Zur haltungsanalytischen Atem-, Sprech- und
Stimmtherapie 134
Die Dreistufentechnik der Traumbearbeitung 139
Zu den D-Sitzungen 142
Die Beendigung der Behandlung 144

Anhang
Die schriftlichen Unterlagen 147
  a) Anschreiben 148
  b) Grundkonstitution 150
  c) Erklärung zum Urheberrecht 157
  d) Terminkarte 158
  e) Rezept für Alleinübungen 159
  f) Laufzettel 160

Schlußbemerkung 161

Literaturverzeichnis 165

Psychoanalyse ohne Geheimnis

In einer Zeit, in der uns mehr und mehr das Recht der Patienten bewußt wird, über die bei ihnen vorgesehenen Behandlungen informiert zu werden, ist auch auf dem Gebiet der Psychotherapie und der Psychoanalyse das Bedürfnis entstanden, die erforderlichen Informationen in allgemein verständlicher Sprache zu formulieren. Und zwar soll nicht nur verständlich gemacht werden, um was für Methoden es sich handelt, vielmehr sollen die Patienten wissen, was für Maßnahmen ihnen im einzelnen bevorstehen; was sie selbst dabei für Aufgaben zu übernehmen haben und warum das so ist. Sie sollen auch erfahren, worin die Aufgaben des Behandlers bestehen und worauf sich sein Verhalten gründen wird.

Bei uneingeschränkter Würdigung der Arbeiten und Entdeckungen von Sigmund Freud bleibt es eine wichtige Aufgabe, an der Transparenz und der Durchsichtigkeit dessen, was heute als Psychoanalyse bezeichnet wird, zu arbeiten. Das ist ein Anliegen dieses Buches.

Wie schon der Begriff «Analyse» zeigt, lag der Schwerpunkt seines Arbeitens auf der Forschung, auf der Entdeckung von Verstrickungen, von Ursachen und Wirkungen. Daß sich dabei Besserungen im Befinden insbesondere seiner hysterischen Patienten ereigneten, war auch für ihn überraschend und blieb letztlich ungeklärt.

Die von ihm beschriebene Libido kommt dem Sexualstreben am nächsten. Ihr Schicksal hat er für den Wurzelgrund der Neurosen gehalten. Er hat unter anderem den Ödipuskomplex, die Kastrationsangst, den Penisneid, die Verdrängungsmechanismen und damit das Unbewußte, das Wesen der Fehlleistungen, der hysterischen Symptome, der Übertragung und der Abwehrvorgänge entdeckt.

Die gedanklichen Strukturen von S. Freud sind an den physikalisch-physiologischen Mustern seiner Zeit orientiert.

Die Sinnfrage bleibt bei seinen Forschungen ausdrücklich ausgeklammert. Freud bekannte sich als Atheist.

Die Nachfahren Freuds haben den von ihm erschlossenen Horizont in vielerlei Richtungen erweitert. Einige seien in aller Kürze erwähnt.

C. G. Jung betont die Kollektivität des Unbewußten und die Wirksamkeit von Archetypen, deren überindividuelle allgemeinverbindliche Gültigkeit Fingerzeige gibt auf etwas Transzendierendes, welches das einzelne Individuum übersteigt. Eng verwandt damit ist das von ihm beschriebene Phänomen der Synchronizität, welches gleichfalls auf höhere Ordnungen und Zusammenhänge hinweist.

Alfred Adler betont die sozialen Aspekte der Neurosenentstehung, die durch Macht- und Geltungsstreben hervorgerufenen Konflikte mit daraus resultierenden Minderwertigkeitskomplexen. Er legt Wert darauf, die Leit- und Lebenslinie des «nervösen Charakters» zu ermitteln und die Heilung durch Ermutigung herbeizuführen.

S. Ferenczy ergänzt das passive Zuhören des Analytikers durch sein Eintreten in Rückblenden, in denen der Patient seine Kindheit und seine Kinderspiele neu belebt.

Georg Groddeck bezieht den Körper des Kranken in sein psychoanalytisches Vorgehen ein und begründet damit die psychosomatische Medizin.

J. L. Moreno baut das Rollenspiel problematischer biographischer Situationen zum Psychodrama aus und erweitert damit zugleich die bisher unter vier Augen abgelaufene Behandlung des einzelnen Patienten zu einer Behandlung des Patienten im Rahmen einer Gruppe, deren Teilnehmer schließlich alle innerhalb der Gruppe individuell behandelt werden.

Der als Neo-Analytiker bezeichnete Harald Schultz-Hencke führt die Begriffsabklärung psychoanalytischen Gedankengutes in phänomenologisch-positivistischer Manier zu einem einsamen Höhepunkt. Der Vorgang der Hemmung, die Entstehung der Gehemmtheit und der psychogenen Symptome, die Dreigliedrigkeit des Antriebslebens als Besitz-, Geltungs- und Liebesstreben, sowie die Befreiung (Desmolyse) des Gehemmten werden unübertrefflich «durchsichtig» gemacht.

Dann folgt die Zeit der Gruppeninflation: Selbsthilfe-, Selbsterfahrungs-, Encounter-, Fallbesprechungs-, Supervisions- und Balintgruppen aller erdenklichen Variationen entstehen neben psychoanalytischen oder tiefenpsychologischen Behandlungsgruppen, von denen die meisten sich wiederum einschränkend als «psychoanalytisch bzw. tiefenpsychologisch orientiert» bezeichnen.

Die in Gruppen sichtbar gewordenen Gesetzmäßigkeiten werden als Gruppendynamik beschrieben, die ihrerseits sogleich für therapeutische Ziele dienstbar zu machen versucht wird.

Viktor E. Frankl bringt mit seiner «paradoxen Intention» einen weiteren wichtigen Gesichtspunkt ein, der den psychoanalytischen Horizont erweitert. Bei ihm ist die Suche nach Sinn ähnlich betont wie bei C. G. Jung, ohne daß der Durchbruch in eine klare religiöse Grundlegung gelingt.

Die Einbeziehung des Körpers erhält weiteren Auftrieb durch Gerda Alexander, Graf Dürkheim, Moshe Feldenkrais, Ilse Middendorf, Fritz Perls mit seiner Gestalttherapie, Hilarion Petzold und zahlreiche Atem-, Bewegungs- und Tanztherapeuten sowie durch die von A. Lowen eingeführte Bioenergetik.

Schließlich erhält auch der vom Verfasser ausgebaute Umgang mit Material zunehmende Bedeutung, der von der Bemächtigungs-(=Lambano-)therapie über Beschäftigungs- und Arbeitstherapie zu Gestaltungs- und Kunsttherapie geführt hat.

Der Mensch ist offensichtlich nicht imstande, alle seine Emotionen, Phantasien und Träume ausschließlich im zwischenmenschlichen Bereich auszutragen, ohne daß andere dadurch erheblich beeinträchtigt werden. Er ist deshalb unter anderem auf seinen Umgang mit Material angewiesen.

Die aufgeführten Horizonterweiterungen haben das Spektrum therapeutischer Techniken erheblich erweitert. Dennoch behielten Freuds bahnbrechende Entdeckungen vom Unbewußten und seinem Hereinwirken in den Alltag jedes einzelnen Menschen ungeschmälert ihre große Bedeutung.

Die Erkenntnis, wie sehr unser Fühlen, Denken und Handeln durch uns unbewußte Motivationen mitbestimmt wird, wie sehr unsere Wahrnehmungen der gemeinsamen Wirklichkeit verfälscht werden durch den Sättigungsgrad unserer Bedürfnisse, durch Übertragungen, Abwehr und

Projektionen, ist heute noch ebenso gültig wie zu Zeiten Sigmund Freuds. Gleiches gilt für seine Einsicht, daß unsere Träume die goldenen Schlüssel (via regia) zum Unbewußten sind, eine Einsicht, die heute von vielen seiner Schüler nicht mehr als besonders verbindlich in ihre therapeutische Arbeit aufgenommen wird.

Der Versuch einer Integration der Psychoanalyse in das christliche Weltbild läuft auf eine grundlegende Wandlung hinaus, die vor allem dort sichtbar wird, wo es um die Vorstellungen über das Heilende geht. Arbeiten wie die von Hans Künkel, Eugen Drewermann, H. Wolff und H. Jaschke sind für die modernen Grundregeln der Psychoanalyse wichtig. Es hat sich gezeigt, daß das Erinnern von Schicksalsschlägen und seelischen Unfällen allein nicht genügt, um eine daraus hervorgegangene seelische Krankheit zu heilen. Auch das Durcharbeiten führt nicht ohne weiteres zum gewünschten Erfolg. Es geht vielmehr um die in das Durcharbeiten einfließende Liebe, genauer gesagt um das aufflammende Erbarmen, das der Kranke sich selbst entgegenbringt, wenn er sich in längst vergangenen Situationen seelischer Unfälle neu begegnet und sein damaliges autodestruktives Verhalten entdeckt. Es geht um Liebe, genauer gesagt um Feindesliebe und um den schweren Schritt, sich selbst gerade dort um Verzeihung zu bitten, wo man sich das am wenigsten zugestehen mag.

Daß die Freisetzung so gewaltiger schöpferischer Kräfte haltbare Einbindungen in geeignete Regelungen erfordert, ist selbstverständlich. Von diesen Vorgängen und Regelungen soll hier die Rede sein.

Werden alle heute verfügbaren Behandlungstechniken indikationsgemäß einzeln oder miteinander kombiniert eingesetzt, dann handelt es sich nicht um verzettelte Vielgeschäftigkeit (=Polypragmasie), sondern um gezielte Kombination verschiedener Verfahren (= Multimodalität). Die jeweilige Indikationsstellung ist maßgebend. Liegen Entscheidung, Verantwortung und Durchführung in *einer* Hand, handelt es sich eindeutig um multimodal-integrierte Therapie.

In diesem Buch werden Behandlungsvorschläge beschrieben, die den Strähnen eines Zopfes vergleichbar miteinander in eins geflochten sind zu **Agmap**, d. h. zu einer ambulanten gruppenzentrierten multimodal-integrierten analytischen

Psychotherapie. Dabei wird erläutert, welche Schritte sich als erforderlich erwiesen haben, um dieses Konzept in die Praxis umzusetzen und worin die einzelnen Schritte konkret bestehen.

Besonders hervorgehoben sei, daß jede aufgeführte Modalität für sich allein angewendet werden kann, daß beliebige Kombinationen möglich sind, und daß die dargestellten Regelungen und Techniken auch dann anwendbar und hilfreich sind, wenn nur eine einzige Modalität eingesetzt wird.

Die Umsetzbarkeit in den Alltag jedes Interessierten ist ein Hauptanliegen des Buches. Es hat sich auch für Patienten, die mit diesen Therapieformen behandelt werden und auch für Lehranalysanden als nützliche und hilfreiche Informationsquelle erwiesen. Darüber hinaus ist es eine aufschlußreiche Handhabe für psychoanalytisch und tiefenpsychologisch arbeitende Behandler wie für Therapeuten, die psychoanalytisch bzw. tiefenpsychologisch «orientiert» vorgehen.

Ambulante gruppenzentrierte multimodal-integrierte analytische Psychotherapie (Agmap)

Das Thema verheißt nichts Überraschendes, wenn man es aus klinischer Sicht betrachtet. Denn in der psychotherapeutisch-psychosomatischen **Klinik** wird praktisch jeder Patient mit verschiedenen Modalitäten, das soll heißen: mit verschiedenen Arten von Therapie, behandelt. Er wird beispielsweise einer Gruppe zugeführt, die regelmäßig tagt. Mindestens **einer** Gruppe. Im Rahmen der Beschäftigungs- und Arbeitstherapie töpfert, schnitzt und malt er, brennt Emaillen usw. Er nimmt an Gymnastik und am Psychodrama teil. Er wird massiert, erhält Atemübungen und gegebenenfalls Medikamente. Er wird im autogenen Training unterwiesen und hat Termine beim Einzelgesprächstherapeuten. Schließlich – so wäre es sicherlich wünschenswert – integriert die Chefarztvisite alle hier nur lückenhaft aufgezählten Modalitäten zu einer multimodal-integrierten Psychotherapie.

Wird die genannte Abfolge jedoch nicht als Modell eines klinischen, sondern einer berufsbegleitenden ambulanten Gruppen-Psychotherapie aus der Praxis eines niedergelassenen Nervenarztes und Psychoanalytikers vorgestellt, melden sich Bedenken. Es erheben sich Fragen, wie so etwas zu organisieren sei. Erst recht dann, wenn es sich bei der multimodal-integrierten Therapie um ein psychoanalytisches Modell handelt, bei dem die Auslösung und die Verarbeitung von Übertragung, Regression und Widerstand die Entwicklung spezieller Techniken erfordern.

Ich habe diese Bedenken für berechtigt gehalten und mich in den Jahren 1945 bis 1954 intensiv darum bemüht, geeignete Rahmenbedingungen, Techniken und Spielregeln zu entwickeln. Diese sollten es ermöglichen, individuelle Psychoanalyse, wie ich sie laufend bis heute mit Patienten in Einzelstunden als Einzeltherapie in herkömmlicher Weise durchführe, auch als Lehranalyse innerhalb von Gruppensitzungen anzuwenden. Das ist gelungen. Entsprechend vorbereitet und ausgerüstet habe ich seit 1954 über fünfhundert psychisch oder psychogen Kranke mit **individueller Psychoanalyse als Gruppentherapie** recht erfolgreich behandelt. Daher erscheint es mir angebracht, dieses in über fünfundzwanzig Jahren praxiserprobte und praxisbewährte Verfahren, seine Rahmenbedingungen, Techniken und Spielregeln in der vorliegenden Form darzustellen. Eine erste einführende Vorstellung ist im Jahr 1969 in der Sektion «Analytische Gruppenpsychotherapie» im Deutschen Arbeitskreis für Gruppenpsychotherapie und Gruppendynamik erfolgt.

Um sprachliche und begriffliche Mißverständnisse zu vermeiden, teile ich vorweg mit, was ich unter Psychotherapie verstehe.

Wenn ich von Therapie spreche, dann meine ich damit Krankheitsbehandlung, also eine Tätigkeit, deren selbständige Ausübung in der Bundesrepublik Deutschland durch gesetzliche Regelung Ärzten und Heilpraktikern vorbehalten ist und die gegebenenfalls durch Krankenkassen finanziert wird. (Hier füge ich ein, daß Psychologen neuerdings unter Vorweisen des Diploms ihres Staatsexamens, ohne zusätzliche Prüfung, auf Antrag den Gewerbeschein als Heilpraktiker zur selbständigen Ausübung der Psychotherapie erhalten).

Heilmaßnahmen, die der Prävention, Rehabilitation, der Gesundheitspflege, Lebensberatung und dergleichen dienen, bezeichne ich nicht als **Therapie,** sondern als **Pädie.** Hierfür kommen gegebenenfalls andere Kostenträger als die Krankenkassen in Betracht.

Die vor den Begriffen Therapie oder Pädie stehenden Wortteile wie Hydro- Psycho-, Chiro-, Pneo-, Lambano- usw. geben nicht an, **was** behandelt, sondern **womit** behandelt wird. Ich verstehe demnach unter Psychotherapie **nicht** primär die Behandlung seelischer Krankheiten, sondern **jeglicher** Krankheiten mit seelischen Mitteln.

Wenn ich seelisch oder «psycho» sage, meine ich damit **die Art und Weise, wie** ein Mensch lebt, sein Benehmen, seinen Umgang mit sich und mit der Welt. Wenn ich beispielsweise ein Magengeschwür als psychogen bezeichne, dann will ich damit ausdrücken, daß es seine Ursachen in der Art und Weise hat, wie dieser Mensch mit sich umgeht.

Psychopädie und Psychotherapie sind demnach für mich Heilmaßnahmen, die sich der Umgangsformen meiner Patienten und meines Klientels bedienen. Hier füge ich hinzu, daß die Träume, die sich ein Mensch träumt, die Funktionsstörungen, die sich ein Mensch herrichtet, die Art und Weise, wie er geht, wie er spricht, wie er schreibt, malt, singt, tanzt usw., allesamt zu der Art und Weise seines Umgangs mit sich und der Welt, also zu seiner Seele gehören. Die Art und Weise seines Umgangs mit sich und der Welt ist es, die seine Seele wahrnehmbar macht.

Änderungen des Umgangsverhaltens sind über verschiedene Zugänge zu erzielen, beispielsweise über Korrekturen des Denkens, des Wertens, des Körperbewußtseins, der Atmung usw. Je nach Struktur der Patienten, ihrer Symptomatik und ihrer Motiviertheit sind nicht alle Zugänge immer gleichermaßen gangbar. Deshalb lag es nahe, Multimodalität in das Verfahren analytischer Gruppen-Psychotherapie zu integrieren. Der Satz, wer **vieles** bringt, wird manchem **etwas** bringen, hat sich bestätigt. Und das Verfahren, das hier beschrieben wird, hat sich an den beteiligten Patienten durch Erweiterung des Indikationsspektrums, Abkürzung der Behandlungsdauer und Verbesserung der Prognose bewährt.

Bei dem praxiserprobten Modell, von dem hier die Rede ist, handelt es sich um eine in meiner Praxis gemeinsam mit Mitarbeitern durchgeführte ambulante Gruppentherapie, die als spezielle Form der individuellen Psychoanalyse anzusehen ist. Diese Art von Behandlung hat mit je drei Wochenstunden pro Patient durchschnittlich zweieinhalb Jahre gedauert. Die Gruppenteilnehmer waren psychisch oder psychogen Kranke, denen diese Behandlung als ambulante, berufsbegleitende Therapie verordnet worden war.

Sie wurde, weil sie nicht klinisch stationär, sondern berufsbegleitend durchgeführt wurde, als ambulant, dann aber auch als gruppenzentriert bezeichnet, weil jeder im Rahmen dieses Modells behandelte Patient nicht nur Mitglied einer bestimmten Gruppe war und blieb, sondern daneben regelmäßig auch Einzelstunden erhielt.

Bei den nebeneinander geführten sechs Erwachsenen-Gruppen zu je 8 Teilnehmern hat es sich um **offene und** hinsichtlich Alter, Geschlecht, Symptomatik, Struktur und sozialer Stellung um **gemischte Gruppen** gehandelt.

Während 25 Jahren mit je rund 45 Arbeitswochen standen demnach – wie gesagt – immer etwa 50 erwachsene Patienten gleichzeitig bei mir mit diesem Verfahren in psychoanalytischer Behandlung. Das sind bei einer durchschnittlichen Behandlungsdauer von zweieinhalb Jahren insgesamt über fünfhundert Patienten. Der Vollständigkeit halber sei erwähnt, daß pro Gruppe je ein Lehranalysand aufgenommen werden konnte, ohne daß in seiner Gruppe dieser Umstand und damit sein Inkognito aufgedeckt wurde.

Sowohl bei den Gruppensitzungen, die zu gleichbleibender Zeit einmal wöchentlich zweieinhalbstündig ($\approx$ 120 Minuten) durchgeführt wurden, als auch in den 14tägig eingestreuten Einzelstunden ($\approx$ 50 Minuten) kamen verschiedene therapeutische Modalitäten zur Anwendung.

Sie wurden abgekürzt gekennzeichnet mit den Buchstaben A, B, H, R und D.

A steht für die verbalanalytische, traumzentrierte Arbeit.
B steht für den bemächtigungsanalytischen, infinalen Umgang mit Material, den ich später als Lambanotherapie bzw. als Lambanopädie bezeichnet habe.
H steht für die analytische Arbeit mit dem Leibe mittels Haltung, Atmung, Stimme, Bewegung, Rhythmus usw., etwa das, was heute in den Richtungen Bioenergetik bzw. «konzentrative Bewegungstherapie» geschieht.
R steht für das Rollenspiel, das auf meine weiter unten beschriebene sogenannte Dreisatztechnik reduziert ist.

Mit dem Buchstaben **D** schließlich wurde eine einmal monatlich für alle Gruppenteilnehmer gemeinsam stattfindende Diskussionsgroßgruppe bezeichnet, auf die ich noch eingehen werde.

Natürlich kann ich von niemandem erwarten, daß ihm die Kohärenz dieser Multimodalität ohne Selbsterfahrung zu einem lebendigen Erlebnis wird. Von besonderer Wichtigkeit ist hierbei, daß es nicht darum ging, neben der analytischen Psychotherapie zu tolerieren, daß Gruppenmitglieder sich zusätzlich verschiedenen weiteren Heilmaßnahmen unterzogen haben. Wir kennen solche Möglichkeiten, daß Patienten neben ihrer Psychoanalyse eine Tanzschule besuchen, in der Volkshochschule das autogene Training erlernen oder auch töpfern oder Batiken machen. Hier kam es darauf an, daß die verschiedenen Modalitäten der Behandlung organismisch zu einem analytisch-psychotherapeutischen Prozeß integriert wurden, wie später – insbesondere bei der Erläuterung der Traumarbeit – näher beschrieben werden wird.

Das Verfahren wird demgemäß bezeichnet als «ambulante gruppenzentrierte multimodal-integrierte analytische Psychotherapie», abgekürzt: «**Agmap**».

Die erzielten Ergebnisse sprechen für Agmap: als geheilt und wesentlich gebessert wurden 82% notiert, gebessert 9%, unverändert 9%.

Ehe ich auf die Einzelheiten eingehe, teile ich zwei Prämissen mit:
1. Ich bin Christ.
2. Im Mittelpunkt aller psychogenen Störungen und Krankheiten sehe ich Konvolute konditionierter Liebe und daraus resultierende Ängste, Autodestruktionen und Anteile ungelebten Lebens.

Um eine möglichst lebendige Anschauung vermitteln zu können, wie Agmap in der Praxis vor sich geht, lade ich Sie, liebe Leserin, lieber Leser, dazu ein, sich einmal vorzustellen, Sie hätten mich damals in Anspruch nehmen wollen, um bei mir Ihre therapeutische und womöglich anschließend Ihre Lehranalyse zu machen, und ich wäre damit einverstanden gewesen.

Natürlich wären einer solchen Absprache bereits Begegnungen vorausgegangen, die ich als Rückblende in aller Kürze skizziere.

Sie haben mir erzählt, daß Sie im Rahmen Ihrer Ausbildung eine Lehranalyse brauchen, daß da aber noch gewisse Beschwerden, Störungen und Symptome bestehen, die von Ihnen selbst als psychosomatisch und damit vermutlich als seelisch bedingt eingeschätzt werden. Deshalb müsse wohl eine therapeutische Episode Ihrer Lehranalyse vorausgehen. Ich habe Ihnen zugehört, habe Ihnen in Anbetracht der von Ihnen geklagten Beschwerden meine Anteilnahme zum Ausdruck gebracht und war auf diese Weise um die Herrichtung einer gemeinsamen Kommunikationsebene bemüht.

Um die Voraussetzungen für ein Arbeitsbündnis zu ermitteln, habe ich Ihnen den folgenden Vorfall erzählt: Ein knapp sechsjähriger Junge benutzt das Fahrrad eines Spielkameraden und fährt damit auf dem Spielplatz herum. Es klappt noch nicht so recht. Er stürzt. Ergebnis: Er weint; Loch in der Hose; Hautabschürfungen. Die Mutter eilt hinzu, gibt ihm eine Ohrfeige und schimpft: «Paß doch auf! Ich hab' dir doch gesagt, du sollst das lassen!» Sie fanden das scheußlich: «Die Mutter hätte ihn erst einmal aufnehmen und trösten sollen!» Ich habe Ihnen zugestimmt und Sie dann gefragt, wie eigentlich Sie im Vergleich zu dieser Geschichte mit sich selbst umgehen, wenn Ihnen ein Ärgernis passiert ist und Sie – wie man so sagt – irgendwie Mist gemacht haben. Ich habe Sie gefragt, ob Sie dann dazu neigen, **sich** darüber zu ärgern und aufzuregen, oder ob Sie sich beistehen und trösten.

Sie waren über meine Frage erstaunt und mußten sich erst besinnen. Dann gaben Sie zögernd zu, daß Sie mit sich schimpfen, wenn Sie etwas verpatzt haben. Mein Hinweis, daß Sie ja dann mit sich selbst so umgehen wie jene Mutter mit dem verletzten Jungen, hat Sie offensichtlich überrascht. Und auf meine Frage, ob Sie nicht Lust hätten, dieses Verhalten zu ändern, haben Sie mit Ja geantwortet. Daraufhin habe ich mich mit Handschlag dazu bereiterklärt, Ihnen bei diesem Änderungsprozeß beizustehen und Sie in Behandlung zu nehmen. Denn ein solches selbstbeschädigendes – wir sagen autodestruktives – Verhalten ist regelmäßig Ursache seelisch bedingter Störungen und Krankheiten. Wir haben beide unterstellt, auf diesem Wege eine wesentliche Ursache Ihrer Beschwerden entdeckt zu haben. Gleichzeitig ist deutlich geworden, daß unser Bündnis nicht gegen Ihre Symptome gerichtet ist, sondern gegen die autodestruktive Art und Weise, wie Sie mit sich, mit Ihren Nächsten und mit Gott umgehen. Hier einen Wandel herbeizuführen, war erstes Anliegen unseres Arbeitsbündnisses.

Wir haben dann Ihre Lebensgeschichte durchgearbeitet im Sinne einer biographisch erweiterten Anamnese. Damit ist die Rückblende abgeschlossen.

Und nun kommt das Problem, das hier im Mittelpunkt der Überlegungen steht: Wir sind beide übereingekommen, daß Sie sich bei mir der erforderlichen und gewünschten analytischen Psychotherapie unterziehen können, daß in absehbarer Zeit dafür jedoch lediglich ein Gruppenplatz zur Verfügung steht.

Ich vermute, Sie hätten abgewinkt. Wenn ich Sie dann gefragt hätte, unter welchen Bedingungen Sie dazu bereit sein könnten, Ihre Analyse in einer Gruppe zu machen, dann hätten Sie vermutlich geantwortet, daß die Teilnehmer gegenseitig unerkannt sein und unerkannt – also inkognito – bleiben müßten.

Sie hätten verlangt, daß keine beliebige Fluktuation der Gruppenzusammensetzung stattfinden dürfe, und daß die begrenzte Teilnehmerzahl feststehen müsse. Die Kostenregelung dürfe das Honorar beim Fehlen von Teilnehmern nicht auf die anderen umlegen. Die Traumanalyse dürfe als «via regia zum Unbewußten» nicht an den Rand der Arbeit gedrängt werden. Aber, so würden Sie vermutlich sagen – so wie ich es x-mal gehört habe – das ist ja alles unmöglich, denn allein schon die Einfälle zu meinen Träumen machen mich, mein Berufs- und Privatleben meinen Gruppenkollegen bekannt und heben so mein Inkognito auf.

Ich würde Ihnen erwidern, daß die von mir in der Gruppe angewendete Traumbearbeitungstechnik Ihr Inkognito wahrt. Und ich würde Sie fragen, ob denn Sie selbst bereit und imstande sein könnten, auf jeglichen Umgang mit anderen Gruppenteilnehmern außerhalb der Behandlungssitzungen zu verzichten und in der Gruppe keine Informationen zu geben, die Ihr eigenes Inkognito oder das von anderen Teilnehmern Ihrer Gruppe aufheben könnte. Sollten Sie diese Fragen mit Ja beantworten, und mir darauf Ihr Wort geben, würde ich Ihnen sagen, daß ich von allen Gruppenteilnehmern ein solches Ja-Wort erhalten habe und es sozusagen treuhänderisch verwalte. Ich biete Ihnen unter diesen Bedingungen einen Ihren Wünschen entsprechenden Platz in einer Analysegruppe an.

Es hat sich hinsichtlich psychoanalytischer Behandlungen in Gruppen seit dem Zweiten Weltkrieg viel verändert. Ende der vierziger Jahre galt eine Psychoanalyse noch als etwas so Intimes, daß von fast allen Psychoanalytikern der Gedanke, man könne dieses Verfahren innerhalb von Gruppensitzungen durchführen, als völlig absurd, entsetzt abgelehnt wurde. Bei aller sonstigen Gegensätzlichkeit waren sich in diesem Punkt Freudianer und Jungianer völlig einig.

Aus dem angelsächsischen Sprachraum wurde Anfang der fünfziger Jahre die Technik Bions bekannt. Er glaubte, dadurch eine Lösung gefunden zu haben, daß er nicht die Gruppenmitglieder, sondern die Gruppe als Ganzes therapierte, indem er das Gruppengeschehen mit Deutungen begleitete. Würde die Gruppe als Ganzes gesunden – so nahm er an –, würde sich dies auch auf die einzelnen Teilnehmer auswirken. Der Vergleich mit Körperbehandlungen lag nahe. Wird der Körper als Ganzes gekräftigt und abgehärtet, kommt dies auch seinen Organen zugute.

Inzwischen hat es eine «Gruppenepidemie» gegeben. Von leiterlosen Selbsthilfe- und Selbsterfahrungsgruppen über Katathymes Bilderleben, Psychodrama, Gestalttherapie, Rebirthing, Sensitivity Training, Aggression LAB, Konzentrative Bewegungstherapie bis zu einer sogenannten analytisch orientierten Psychotherapie – sämtlich in Gruppen – hat sich das Publikum daran gewöhnt, daß man jeden anderen in einer Gruppe sogleich duzt, womöglich betastet und dabei auf eigenen Intimraum soviel wie möglich verzichtet. Das ist jedoch falsch beschrieben. Man verzichtet nicht. Man tut vielmehr so, als ob es einen solchen Intimraum gar nicht gäbe. Man schämt sich womöglich sogar seines Schamgefühls, daß man altmodisch zugeknöpft ist, und man versucht mitzuhalten und so promiskuitiv und exhibitionistisch zu sein, wie sich das irrtümlicherweise zu gehören scheint. Das Pendel dieser Entwicklung wird wieder zurückschwingen! Es ist bereits dabei, das Interesse von diesen Exzessen wieder wegzuwenden.

Die Besinnung auf das Not-Wendige wird die Balance zwischen Feuer und Ofen wieder herzustellen suchen, zwischen Nähe und Abstand, zwischen Wandlungsprozessen und den erforderlichen, sie bändigenden Regelungen.

Die überblickbare Gesamtentwicklung unserer Welt, schreibt Hugo Staudinger, «läßt eine Tendenz zu immer stärkerer Ausprägung der Individualität feststellen, (...) die in der Personalität des Menschen ihren Höhepunkt findet». Weder die Nivellierung in der Gruppe, noch das Aufgeben eigener Individualität, sondern die Individuation ist die Aufgabe. Es gilt demnach, Regelungen zu finden und in Kraft zu setzen, die die Unversehrtheit des Intimraumes und damit die Immunität jedes individuell behandelten Gruppenteilnehmers einer psychoanalytisch arbeitenden Gruppe gewährleisten.

Ein Vergleich mit der Chirurgie macht es verständlich, daß es septische Operationsräume gibt, in denen infizierte Wunden versorgt werden. Je eingreifender jedoch operiert werden muß, um so wichtiger werden die Regeln der Asepsis und Antisepsis, d. h. um so mehr müssen die Vorschriften über die Keimfreiheit des Operationsfeldes und -instrumentariums beachtet werden. Es kommen noch andere Gesichtspunkte hinzu.

Für die Psychoanalyse als Einzelbehandlung wurde gefordert, daß der Analytiker keine Kontakte mit seinen Analysanden außerhalb der Behandlungssitzungen haben und mit seiner Biographie und seinem persönlichen Hintergrund möglichst «draußen vor» bleiben sollte. Es wurde sogar von «tabula rasa», dem reinen Tisch oder der leeren Wand gesprochen. Warum? Weil sich herausgestellt hatte, daß sich auf ein unbeschriebenes Blatt besser projizieren und übertragen läßt, als auf eine deutlich gestaltete Fläche. Wenn man diese zugespitzte Forderung getrost mildert, so bleibt der Sachverhalt, was Projektion, Übertragung, Widerstand und Regression betrifft, im Kern ungeschmälert. Und da in der Gruppe jeder Teilnehmer für jeden anderen Teilnehmer potentiell Therapeutenfunktion besitzt, sind Übertragungen, Projektionen, Regressionen und Widerstände multilateral aufgefächert, was ein großer Vorteil der Gruppe gegenüber der Einzeltherapie ist. Das bedeutet, daß das gegenseitige Inkognito aller Gruppenmitglieder sehr viel bessere Möglichkeiten bietet für multilateral sich ausprägende Übertragungen, Projektionen, Widerstände und Regressionen, als wenn die Gruppenmitglieder einander kennen und folglich in gesellschaftlich hierarchiebezogenen Gleisen verhaftet bleiben. Das Inkognito der Gruppenteilnehmer gibt ihnen die einzigartige Chance zu einer weitestgehend hierarchiefreien Kommunikation. Wie leicht ist diese Chance vertan, indem die Gruppenteilnehmer einander ihre sozialen Rollen bekanntgeben und so ihr Inkognito aufheben.

In einer Selbsterfahrungsgruppe für Ärzte, in der die Teilnehmer einander bekannt sind, erlebe ich immer wieder Vorkommnisse folgender Art:

Ein Allgemeinarzt nimmt seine zutreffende Stellungnahme zurück, als ein anderer Teilnehmer einen gegenteiligen Standpunkt vertritt. Auf die Frage, warum er das tut, erwidert er: «Der andere Kollege ist Psychotherapeut. Er wird es besser wissen als ich.» Die einander bekanntgegebenen unterschiedlichen Ausbildungen, sozialen Stellungen und einflußreichen Beziehungen behindern einen ebenbürtigen Umgang miteinander, wobei die «Höhergestellten» schlechter wegkommen als die «unterdurchschnittlich Gestellten», weil den «Höhergestellten» in diesen Gruppen seltener ein Spiegel vorgehalten wird und wenn, dann nur «mit Verlaub».

Gesetzt den Fall, Sie hätten im Vertrauen auf die von mir zugesagten Bedingungen den Ihnen vorgeschlagenen Gruppenplatz eingenommen, dann hätten Sie zunächst elf vorbereitende Einzeltermine erhalten, nämlich, über etwa zwei Monate verteilt 3 A-, 4 B- und 4 H-Einzelstunden. Dazu vier Termine zum Abhören eines Tonbandes von je einer 3/4 Stunde Dauer.

Es hatte sich nämlich herausgestellt, daß es neben den vielen persönlichen Fragen und Antworten jedes einzelnen Patienten eine Reihe von allgemeinverbindlichen Informationen gibt, die jedem neu hinzukommenden Patienten mitgeteilt und erläutert werden müssen. Abgesehen davon, daß dies schließlich für mich eine langweilige Beschäftigung wurde, hat sich gezeigt, daß in persönlichen Gesprächen mal dieser, mal jener Punkt übergangen und ausgelassen worden ist. Die Methode, für die Übermittlung der erforderlichen allgemeinverbindlichen Informationen ein von mir selbst besprochenes Tonband zu benutzen, hat sich bestens bewährt. So können Sie das Band beliebig oft abschalten, sich Notizen machen und das Band – so oft Sie wollen – auch zu einem späteren Zeitpunkt nochmals abhören.

Andererseits kann ich als Behandler sicher sein, welche Punkte von mir abgehandelt und meinen Patienten zur Kenntnis gebracht worden sind. Damit steht für alle Beteiligten fest, daß jeder die gleichen Basisinformationen erhalten hat, nicht mehr und nicht weniger. Und das schafft allen Patienten und mir ein beruhigendes Gefühl. Gibt man diese Informationen dagegen schriftlich, so zeigt die Erfahrung, daß sie nur lückenhaft und oftmals gar nicht gelesen werden.

Durch die Einführung der Informationstonbänder, die jeder Gruppenpatient allein in einem Nebenraum abhört, sparen Patienten und Kostenträger Geld, weil dafür keine Honorare, sondern nur sogenannte Schutzgebühren erhoben werden. Der Behandler spart viel Zeit, die er sinnvoller für therapeutische Gespräche nutzen kann.

Inhaltlich sind die Einführungstonbänder, deren Wortlaut hier wiedergegeben wird, mit folgenden Themen besprochen:
1. Das A-Band
2. Das B-Band
3. Das A-Gruppenband
4. Das R-Band

Das A-Band macht mit dem Setting einer Einzel-A-Sitzung, das heißt einer verbalanalytischen Einzelstunde vertraut. Es erklärt,
- warum der Patient liegt und alles verwörtern soll, was in ihm vor sich geht,
- warum der Analytiker hinter ihm sitzt,
- warum Träume aufgeschrieben und mitgeteilt werden,
- in welcher Weise die Abrechnung geregelt wird usw.

Das Einführungstonband für A-Einzelsitzungen

«Guten Tag!
Machen Sie es sich bitte bequem. Sie können dieses Tonband, das Sie mit unseren A-Einzelstunden vertraut machen soll, so oft hören, wie Sie wollen. Sagen Sie nur im Büro Bescheid. Man wird Ihnen dann einen geeigneten Raum und das Tonbandgerät mit dem gewünschten Band bereitstellen.

Ich begrüße Sie herzlich. Gehen wir noch einmal durch, was sich bisher zugetragen hat. Sie haben mich aufgesucht, weil Sie leiden. In einer ersten Konsultation haben wir uns kennengelernt. Und weil der Verdacht besteht, Ihr Leiden könne ursächlich zusammenhängen mit der Art und Weise, wie Sie leben, haben wir in einem weiteren Termin Ihren Lebenslauf in zwei Stunden miteinander durchgearbeitet. Sie haben selbst daraus die Schlußfolgerung gezogen, daß eindeutig ein ursächlicher Zusammenhang besteht zwischen den Krankheitszeichen einerseits und Ihrem nicht gerade freundschaftlichen Umgang mit sich andererseits.

Sie haben mir erklärt, daß Sie sich insoweit gern ändern möchten und haben mich gebeten, Ihnen dabei zu helfen. Wir sind beide übereingekommen, daß Sie sich bei mir einer analytischen Psychotherapie unterziehen, für die Sie zunächst Einzeltermine, später Gruppen- und Einzeltermine erhalten.

Ich habe Sie als Patient angenommen, bin Ihr Behandler und trage für alle Behandlungsmaßnahmen die Verantwortung auch dann, wenn ich für verschiedene Anwendungen Mitarbeiter mit speziellen Ausbildungen einsetze, um die Wirksamkeit des Verfahrens zu erhöhen.

Sie dürfen das Tonbandgerät, das Sie jetzt hier benutzen, so oft stoppen, wie Sie wollen, dürfen sich Notizen machen und das Band – wie gesagt – evtl. später nochmals abhören.

In Ihrer bevorstehenden A-Einzelstunde werde ich Ihnen den Platz vis-à-vis von mir an meinem Schreibtisch anbieten. Dann werde ich Ihnen Ihre Fragen beantworten, die Ihnen beim Anhören dieses Tonbandes vielleicht noch kommen. Sie erhalten von mir eine Terminkarte und die ‹Grundkonstitution für meine Analysegruppen›, in denen die Spielregeln für unsere Gruppenarbeit festgeschrieben sind.

Die Terminkarte ist ein Kalender, in den Sie alle Termine eintragen, die wir miteinander vereinbaren. Auch ich führe für jeden Patienten ein solches Blatt. Da immer mal ein Irrtum vorkommen kann, bringen Sie Ihre Terminkarte bitte zu jeder A-Einzelstunde mit. Dann können wir unsere Unterlagen gemeinsam miteinander abstimmen und gegebenenfalls berichtigen.

In den A-Einzelstunden geht es wie bei der ganzen Behandlung darum, etwas bewußt zu machen, das bis jetzt noch nicht bewußt ist. Darin liegt zugleich die Schwierigkeit dieser ganzen Arbeit.

Ich will Ihnen ein Beispiel sagen:

Wenn man nachts mit dem Auto die Autobahn entlang fährt, dann erleuchtet der Scheinwerfer des Autos einen Teil der Straße, der vor Ihnen liegt. Aber seitlich davon bleibt alles im Dunkeln. Daher besteht auch die Gefahr etwa des Wildwechsels. Man sieht nicht vorher, was – aus dem Dunkeln kommend – plötzlich vor den Wagen laufen kann. Ich vergleiche dieses Beispiel gerne mit der Art unseres Denkens. Wenn ich hier jetzt zum Beispiel diesen Satz auf Tonband spreche, dann folge ich einem roten Faden. In Wirklichkeit aber denke ich mehr, als ich jetzt sage. Auch Sie denken jetzt mehr, als Sie hier gerade von mir hören. Man denkt an Zuhause. Man hat eine ganze Reihe von Gedanken, die bis in die Kindheit zurückreichen und die anscheinend nichts mit der jetzigen Situation zu tun haben. Wir sind im allgemeinen gewohnt, diese Gedanken beiseite zu schieben, um den Satz, den wir begonnen haben, zu einem richtigen Ende zu bringen.

Ich nenne das ein ‹Rot-Faden-Gespräch›. Das heißt, wir bleiben, wenn wir sprechen, an dem roten Faden, den wir uns bei Beginn des Satzes schon vorgenommen haben.

Der Satz, den ich jetzt zum Beispiel gerade in meinem Mund bewege, der wird bis zu einem bestimmten Ende gesprochen, zum Beispiel: Jetzt!

Ich habe mich nicht beirren lassen durch meine Gedanken, ob ich nebenan das Licht ausdrehen muß, ob die Klingel oder das Telefon gerade geläutet hat, oder dergleichen, sondern ich habe den Satz zu Ende gesprochen. Das erinnert mich an das Beispiel von der Autobahn. Das Rot-Faden-Gespräch entspricht ungefähr dem Lichtkegel des Scheinwerfers, der nachts unseren Weg beleuchtet. Wir sehen die Strecke, die wir gleich fahren werden. Und die Gedanken, die so nebenher bei uns hereinbrechen, die gleichen dem, was aus dem Halbdunkel oder aus dem Dunkel neben der Straße auf uns zukommt.

Wie ist es nun mit den neurotischen Störungen? Wie ist es mit den Symptomen, derenthalben Sie hierher kommen, um sich behandeln zu lassen? Werden diese Symptome innerhalb des Rot-Faden-Denkens begründet sein? Wenn ja, dann wären Sie längst gesund, denn dann würden Sie die Ursachen überblicken und könnten Ihre Störung allein beheben.

Angenommen, Sie hätten einen Stein im Schuh, und bei jedem Schritt würde der Stein Sie pieken. Dann würden Sie die Ursache dieses Schmerzes kennen, Sie würden stehen bleiben, den Schuh ausziehen, den Stein aus dem Schuh entfernen, den Schuh wieder anziehen und dann ohne Beschwerden weiterlaufen. So würden Sie es vermutlich mit allen anderen Störungen auch machen, deren Ursachen Sie kennen. Sie würden hingehen, die Ursachen beseitigen, und dann wäre der Schaden behoben.

Anders ist es jedoch mit den neurotischen Störungen, eben gerade mit jenen Störungen, derentwegen Sie mich aufgesucht haben.

Da geht es Ihnen wie allen anderen Menschen mit solchen Störungen auch, und zwar so, daß Sie davon überfallen werden gerade dann, wenn Sie es nicht erwarten.

Da ist es wie mit dem Wildwechsel. Sie sind der Meinung, daß Sie ganz normal leben, und dann bricht plötzlich eine solche Störung über Sie herein, überfällt Sie direkt, und Sie können sich nicht erklären, von wo die Störung jetzt plötzlich ausgegangen ist.

Das ist der Grund, warum wir miteinander psychoanalytisch arbeiten wollen. Wir wollen nämlich gemeinsam herausbekommen, wo diese Störungen ihre Ursachen haben, damit Sie sie dann beheben können. Dazu müßten wir nun, um beim Beispiel mit der Autobahn zu bleiben, etwas ganz Bestimmtes tun. Wir dürften nicht nur die Straße vor uns beleuchten, sondern wir müßten ein Verfahren entwickeln, um das, was sich neben der Straße im Dickicht, in dem Halbdunkel, in dem Wald oder was da sonst sein mag, abspielt, anzuleuchten. Wir wollen erkennen, was außerhalb des üblichen Lichtkegels unseres Autos neben der Straße vor sich geht.

Auf unser inneres Erleben bezogen heißt das, wir wollen erkennen, was außerhalb unseres Rot-Faden-Denkens in uns vor sich geht. Das ist eine grundlegende Aufgabe unserer A-Einzelstunden. Diese Aufgabe lösen wir in ähnlicher Weise wie ein Sportreporter auf dem Sportplatz, der die Aufgabe hat, die Reportage eines Fußballspiels ‹live› ins Mikrophon zu sprechen. Sie machen das so, daß Sie einfach alles, was an Gedanken, an Gefühlen und an Körpersensationen in Ihnen auftaucht, aussprechen. Sie ‹verwörtern› das Ganze. Sie beschreiben, was jetzt in Ihnen vor sich geht und lassen dabei die Zensur fort, die Sie bisher immer dazu genötigt hat, am roten Faden zu bleiben. Sie gestatten sich dabei – wie man so sagt – vom Hundertsten ins Tausendste zu kommen.

Unsere Erziehung zum Führen von Gesprächen hat erreicht, daß wir alle Gedanken unterdrücken, von denen wir meinen, sie gehörten jetzt nicht dazu, sie gehörten nicht hierher, sie seien gar nicht wichtig usw. Genau dadurch kommt ja das Rot-Faden-Gespräch zustande.

Wenn Sie nun eine andere Art von Gespräch erlernen wollen, dann müssen Sie sich dazu anhalten, auf diese Zensur zu verzichten. Sie müssen sich dazu entschließen, einfach alles unbesehen, so wie es Ihnen einfällt, ‹live› mitzuteilen. Ein Mittel, Ihnen diese Aufgabe zu erleichtern, besteht darin, daß wir uns nicht im Vis-à-vis gegenübersitzen. Dieses Gegenübersitzen im Vis-à-vis erinnert zu stark an unsere Erziehung zum Rot-Faden-Gespräch.

Sie würden im Vis-à-vis alle Gedanken, die Ihnen absurd oder nebensächlich erscheinen, wieder beiseite schieben, weil es viel schwerer ist, einem Menschen ins Angesicht hinein Dinge zu sagen, von denen man selber glaubt, sie seien im Augenblick abwegig oder nebensächlich.

Das ist ein Grund dafür, daß ich jedem Analysepatienten empfehle, sich auf die Couch zu legen, während ich hinter dem Kopfende der Couch am Schreibtisch sitzen bleibe. Sie sollen damit die Chance erhalten, Ihr Selbstgespräch freier führen zu können, ohne dauernd durch ein Vis-à-vis abgelenkt zu werden. Sie dürfen es sich bequem machen, dürfen sich auf die Couch legen, dürfen die Schuhe anbehalten. Dafür gibt es eine Gummiunterlage. Sie dürfen sich mit der Wolldecke zudecken. Sie dürfen es sich auch leichter machen und Kleidungsstücke ablegen, wenn Sie wollen. Sie dürfen die Augen schließen. Sie können sie auch offen lassen. Wie es Ihnen angenehmer ist. Sie können beispielsweise die Hände unter den Kopf, in den Schoß oder auch seitlich neben Ihren Körper legen. Die Hauptsache ist, daß Sie sich dabei möglichst gut entspannen. Sie sollen dösen und zugleich wachsam auf das achten, was in Ihnen vor sich geht; welche Gedanken, welche Gefühle, welche Stimmungen, welche Körpersensationen auftauchen, ob vielleicht ein Ohr juckt, ob der Magen knurrt, ob Ihnen einfällt, daß Ihre Großmutter immer lila Unterröcke getragen hat oder was auch immer. All das sollen Sie wie jener Sportreporter einfach verwörtern.

Eine weitere Chance, die sich aus dieser Situation ergibt, besteht darin, daß es leichter fällt, Gefühle zu äußern, wenn man dabei nicht dem Gesprächspartner ins Gesicht blicken muß. Erfahrungsgemäß werden eigene Gefühle und Einfälle im Vis-à-vis öfter verschwiegen und sogar überhaupt nicht erst bemerkt, wenn man sich gegenübersitzt. Werden die stundenlangen Gespräche von Angesicht zu Angesicht geführt, so erhält die Person des Therapeuten dadurch zudem ein erheblich größeres Gewicht als notwendig.

Schließlich können Sie, wenn der Therapeut hinter Ihnen sitzt, Ihren Phantasien über seine Stimmungen und seine Reaktionen freien Lauf lassen. Dadurch können Ihre Übertragungen – das sind aus der Kindheit stammende, zur Neurose gehörende Vorurteile – rascher erkannt und von Ihnen abgelegt werden.

Als Grundregel gilt: Volle Offenheit gegen strenge Diskretion.

Sie dürfen alles sagen, ohne daß etwas als beleidigend aufgefaßt wird. Aber Sie dürfen alles, was Ihnen in den Sinn kommt, nur **sagen** und nicht handgreiflich in die Tat umsetzen. Auch sollten Sie sich möglichst nicht nach mir umsehen, um in dieser Technik eines unzensierten Selbstgespräches nicht unnötig abgelenkt zu werden.

Ebenso sichere ich Ihnen zu, daß ich während der ganzen vereinbarten Zeit hinter Ihnen sitzen bleibe und gleichfalls nicht handgreiflich oder zudringlich werde.

Wenn ich schweige, haben immer Sie das Wort.

Zweierlei soll **nicht** sein: Sie sollen während unserer Sitzung nicht einschlafen und nicht weglaufen.

Ich versichere Ihnen, daß ich, solange ich hier meine Praxis ausübe, Ihre Behandlung nicht vorzeitig abbrechen werde, etwa weil das, was Sie mitteilen, mir vielleicht unangenehm ist, oder weil ein anderer Patient kommt, der mich wissenschaftlich mehr interessiert, der mir sympathischer ist, der mir mehr Honorar anbietet oder dergleichen mehr.

Eines habe ich vorhin vergessen zu sagen:

Weil es Personen gibt, die aus beruflichen oder anderen Gründen Waffen bei sich führen, sei angemerkt, daß Waffen nicht ins Sprechzimmer hereingenommen werden dürfen.

Es gibt auch Personen, die grundsätzliche Vorbehalte dagegen haben, alles, was ihnen einfällt, zu verwörtern. Dabei könnten Gelübde, Berufs-, Beicht- oder Staatsgeheimnisse oder die Mitwisserschaft ungesühnter Straftaten eine Rolle spielen. Dies müßten wir nachher im persönlichen Gespräch abklären und zusehen, inwieweit dann ein psychoanalytisches Verfahren überhaupt zur Anwendung kommen kann.

Im Mittelpunkt unserer Expedition in die unbewußten Bereiche Ihres Innenlandes werden Ihre Träume stehen. Mit unseren Träumen leuchten wir in das neben der Straße liegende Dunkel. Wir treffen in unseren Träumen an, was uns unbewußt ist und was in unserem Leben verschüttet wurde. Unsere Träume sind der Weg, der uns an die Stellen führt, wo die Neurose überwunden werden kann. Ich bitte Sie deshalb, von jetzt ab Ihre Träume zu erinnern, zumindest einen für jede A-Sitzung. Wie Sie vielleicht wissen, muß ein Arzt über jede Behandlung Aufzeichnungen machen. Ich werde mich ganz einfach darauf beschränken, die Traumniederschrift desjenigen Traumes, den wir in unserer Behandlungsstunde bearbeitet haben, in Ihre Akte einzuheften. Deshalb bitte ich Sie, Ihren Traum aufgeschrieben mitzubringen. Andernfalls müßte ich ihn mitschreiben, wenn Sie ihn erzählen. Und das hielte uns unnötig auf. Es wäre schade um Ihre Zeit.

Falls es mit dem Erinnern der Träume Schwierigkeiten geben sollte, rate ich Ihnen, sich auf Ihrem Nachttisch ein Blatt

Papier und etwas zum Schreiben zurechtzulegen und den Traum gleich nach dem Erwachen zu notieren. Da kann man seine Träume am besten erinnern.

Da Ihre Traumniederschriften abgeheftet werden sollen, bitte ich Sie, einen Heftrand zu lassen, damit wir das Blatt lochen können, ohne damit Ihre Traumniederschrift unleserlich zu machen.

Sie beginnen die Sitzung, indem Sie den von Ihnen aufgeschriebenen Traum erzählen.

Falls Sie ausnahmsweise seit der vergangenen A-Sitzung keinen Traum erinnern können, teilen Sie dies gleichfalls zu Beginn der Sitzung mit.

Wenn Sie Ihren Traum berichtet haben, greifen Sie wahllos irgendein Wort, irgendein Detail aus dem Traumtext heraus und nennen es. Damit haben Sie Ihren ‹Vom-Hundertsten-zum-Tausendsten›-Bericht begonnen und teilen nun alles unzensiert mit, was Ihnen einfällt. Es heißt: wes das Herz voll ist, des geht der Mund über.

Das, was Ihnen in den Sinn kommt, muß Ihres Erachtens nichts mit dem Traum und nichts mit dem von Ihnen benannten Detail zu tun haben. Nehmen wir einmal an, der Traum heißt: ‹Auf dem Tisch liegt eine blaue Zitrone.› Dann nehmen Sie das Wort ‹blau› oder ‹Zitrone› oder ‹Tisch› oder ‹liegen› ohne vorherige Überlegung und nennen dieses Wort noch einmal. Nehmen wir an, Sie greifen das Wort ‹blau› heraus. Dann haben Sie von nun ab freie Bahn wie jener eingangs beschriebene Sportreporter, um zu berichten, was sich in Ihnen abspielt, was Sie beschäftigt oder auch, worüber Sie gern heute mit mir sprechen wollten.

Wir nennen das: Einfälle bringen.

Nun meinen einige Patienten, wenn sie das Wort ‹blau› genannt haben, dann müsse es sich bei ihren Einfällen um Dinge handeln, die entweder selbst blaue Farbe haben oder jedenfalls in einem unmittelbaren Zusammenhang mit blau stehen wie z. B. blauer Montag oder blaues Auge oder blau machen oder betrunken sein usw. Das aber ist nicht gemeint. Sie haben es schon bemerkt! Das wäre ja wieder ein Rot-Faden-Prinzip. Dann würden Sie sich an dem Begriff blau festhalten und nun über blau sprechen, so wie man sich im Vis-à-vis über blau unterhalten würde. Aber ich meine mit Ihren Einfällen etwas anderes.

Ich werde es Ihnen mit einem Beispiel vom Müllkasten verdeutlichen. Stellen Sie sich bitte vor, wir stehen beide an einer Straße und sehen auf der anderen Straßenseite einen Müllkasten. Der ist noch leer. Wir beobachten nun, was alles in diesen Müllkasten einfallen wird. Da sehen wir, daß jemand einen alten Schuh in diesen Müllkasten wirft. Nach einer Weile kommt eine Frau und schüttet ein paar Kartoffelschalen zu diesem Schuh in den Müllkasten. Gleich danach wirft jemand ein paar Glasscherben hinein. Dann bringt jemand Asche. Ein anderer schüttet seinen ganzen Papierkorb aus usw. Sehen Sie! Alles das, was jetzt in den Müllkasten ‹eingefallen› ist, das sind sozusagen Einfälle zu Schuh. Als erstes kam der Schuh und zu dem Schuh fielen Kartoffelschalen, zu den Kartoffelschalen Glasscherben, zu den Glasscherben usw. usw. all das ein, was in den Müllkasten geworfen worden ist.

Wenn ich Sie also einmal fragen sollte, was Ihnen gerade einfällt, dann meine ich damit, daß Sie einen Augenblick still halten sollten, um den Blick nach innen zu wenden und darauf zu achten, was für Gedanken jetzt in Ihnen auftauchen. Das wären dann genau die gesuchten Einfälle, die man auch mit den Bildern eines Fotoalbums vergleichen könnte, das man gerade beiläufig durchblättert.

Ein nächster Schritt besteht dann darin, aus den mitgeteilten Einfällen solche herauszugreifen, in denen Sie selbst vorkommen; also zu verweilen, wenn sozusagen auf einem jener Fotos Sie selbst zu sehen sind. In solche Erinnerungen werden wir näher einzusteigen versuchen, um herauszufinden, wie es Ihnen damals zumute war, ob Sie freundschaftlich zu sich gehalten oder aber sich in die Pfanne gehauen, sich im Stich gelassen haben. Ich bezeichne diesen Einstieg als Konkretisieren. Sie finden dabei Möglichkeiten zur Heilung Ihrer Beschwerden.

Fassen wir noch einmal zusammen:

Sie wollen jetzt Ihre Psychoanalyse machen, um mit meiner und meiner Mitarbeiter Hilfe herauszubekommen, wo die Ursachen Ihrer Störungen liegen, und wie Sie diese wirksam beheben können. Ihnen steht dazu eine bequeme Couch zur Verfügung. Ihre Hauptaufgabe besteht darin, daß Sie es sich bequem machen, und daß Sie verwörtern, was sich in Ihnen abspielt, ohne daß Sie irgendwelche Repressalien zu befürchten hätten. Die psychoanalytische Situation ist demnach eine ganz besonders harmlose, angstfreie, bequeme und angenehme Situation.

Im Unterschied zu den üblichen Alltagsbegegnungen können Sie sicher sein, daß Ihre Fragen nicht mit Höflichkeitsfloskeln erwidert werden, sondern daß ich sie Ihnen stets aufrichtig beantworte. So haben Sie Gelegenheit, Ihre Vermutungen über meine Gefühle und Stimmungen, die Sie in mir wachrufen, zu überprüfen. Daher wurde die psychoanalytische Situation gern mit einem Prüfstand verglichen, auf dem man sich rasch selbst orientieren und korrigieren kann. Denn die Rahmenbedingungen sind klar verabredet.

Stellen Sie sich beispielsweise vor, daß sich die Zündung Ihres Autos verstellt hat. Dann fahren Sie mit dem Auto in die Werkstatt. Dort kommt es auf einen Prüfstand. Der Prüfstand ist eine Einrichtung, deren einzelne Daten man genau kennt. Deshalb kann man die Zündung dort ganz einfach neu einregulieren.

Eine Neurose bewirkt, daß man die Welt nicht so sieht, wie sie wirklich ist. Wenn ich Ihnen Beispiele nenne, dann wissen Sie sofort, was gemeint ist.

Da ist jemand in einer kleinen Gesellschaft, und man sagt ihm, er solle mal eben eine Damenrede halten. Die ganze Gesellschaft ist sehr gemütlich. Die Stimmung ist vorgerückt. Man ist heiter, und man erwartet eigentlich nur, daß der Betreffende einen Anlaß gibt, gemeinsam das Glas zu erheben, daß man miteinander etwas trinkt, daß man lacht und fröhlich ist.

Wie reagiert er aber, wenn er eine Neurose hat? Er wird bleich, seine Knie zittern, er hat plötzlich den Eindruck, in einem Examen zu stehen. Sein Herz klopft zum Zerspringen. Er kriegt einen trockenen Mund und bringt unter Umständen kein Wort heraus. Er sieht die Welt plötzlich anders, als sie wirklich ist: fordernder, bedrohlicher, kritischer als es der Wirklichkeit entspricht.

Ein anderes Beispiel:

Jemand wird zu seinem Chef gerufen. Der Chef hat die Absicht, dem Betreffenden eine Anerkennung auszusprechen für einen guten Einfall. Trotzdem bekommt dieser Angestellte schon vor der Begegnung Herzklopfen, feuchte Hände, Angstzustände. Er sieht in seinem Chef so etwas wie ein Raubtier, eine besonders gefährliche Person. Die Ursache der Angst liegt jedoch nicht in den äußeren Umständen, sondern daran, daß der betreffende Mensch die Welt anders wahrnimmt, als sie wirklich ist.

Nun sind solche Alltagssituationen relativ schwer kontrollierbar, weil wir die äußeren Umstände nicht sicher bestimmen können. Deshalb benutzen wir die A-Einzelstunden dazu, um die Ursachen solcher Ängste aufzuklären. Denn hier sind die Umstände mit allen wünschenswerten Daten leicht zu erfahren.

Wenn sich beispielsweise ein Patient in einer solchen Analysestunde plötzlich beklommen fühlt und das Gefühl hat, es würde eine besondere Leistung von ihm gefordert, der Analytiker erwarte, daß er nun besonders kluge Dinge sage usw., dann kann er sogleich die Wirklichkeit überprüfen, indem er mich fragt. Dann zeigt ihm meine Antwort unmittelbar, ob und wie sehr er die Wirklichkeit entstellt, und ob er seinem Analytiker etwa die strengen Züge von Vater und Mutter oder anderen verleiht und sich selbst das Leben damit schwer macht. Wir werden auf alle solche Erscheinungen unser Augenmerk richten. Ihre Durcharbeitung wird es allmählich möglich machen, die inneren Verkrampfungen, Ängste und die nervösen Funktionsstörungen abzulegen. Das ist ein Weg, um ein fröhlicher, unbekümmerter, aufgeschlossener, wacher und in der Wirklichkeit lebender Mensch zu werden.

Zu beachten ist allerdings, daß man nicht gut gleichzeitig sein Inneres ordnen und seine Umweltverhältnisse ändern kann. Solange man eine Psychoanalyse macht und dabei oft gewichtige Änderungen im eigenen Innern vornimmt, solange sollte man seine äußeren Verhältnisse möglichst stabil halten. Dies gilt für Partnerschaft, Beruf und Wohnen gleichermaßen.

Im Laufe der Sitzung wird sich meist ein lebensgeschichtlicher Zusammenhang herausstellen. Wir werden beim Konkretisieren an zurückliegende Erlebnisse herangeführt werden, in denen Sie sich gegen sich selbst gestellt und allein gelassen haben. Diese durch Autodestruktivität, d. h. durch gegen Sie selbst gerichtete Gefühle und Handlungen gekennzeichneten Situationen werden ein Hauptziel unserer Arbeit sein. Und der Erfolg unserer Bemühungen wird davon abhängen, ob und wie weit es Ihnen gelingen wird, sich dann mit sich selbst von Herzen auszusöhnen. Für diesen Weg haben Sie mich als ‹Mietfreund›, als Ihren sachverständigen Verbündeten gewonnen.

Nun ist das Verwörtern dessen, was alles in einem vor sich geht, nicht immer jedermanns Sache. Wir werden deshalb auch andere Techniken benutzen, die in den sogenannten B-, H- und R-Sitzungen angewendet werden, immer mit dem gleichen Ziel, Ihrem liebenswerten Herzen näher zu kommen und die Neurose als unseren gemeinsamen Gegner zu überwinden. Zuvor werden Sie auch über die Spielregeln, die in den Gruppensitzungen, insbesondere auch in den B- und R-Sitzungen gelten, jeweils ein Tonband abhören.

Ich erzähle Ihnen dies alles auf Tonband, weil es sich um allgemeine Informationen handelt, die ich jedem meiner Patienten gebe. Diese Lösung ist nicht nur preisgünstiger, sie spart für mich Zeit und gibt Ihnen und mir die Gewißheit, daß ich jedem Patienten dieselben Informationen gegeben habe, was sonst eine langweilige Aufgabe für mich wäre. Sie erhalten auch eine Ahnung von dem Bündnis mit Ihren Mitpatienten, die alle mit mir und über mich mit Ihnen gleichermaßen verbündet sind gegen unseren gemeinsamen Gegner, den wir als Neurose bezeichnen.

Was unsere Kostenabrechnung anbetrifft, so läßt sich ziemlich genau überblicken, wie viele Behandlungen im Laufe von zwölf Monaten durchgeführt werden. Dabei wird es billige Monate geben, wenn Ferienzeiten sind, und teure Monate, wenn häufigere Termine zusammenkommen. Ich werde Ihnen deshalb nachher den Vorschlag unterbreiten, daß wir einen Durchschnittsbetrag ermitteln, den Sie jeden Monat gleichbleibend als Abschlagszahlung an mich überweisen. Ein Kontoauszug erfolgt ggf. beim Ausscheiden und jeweils am Jahresende, falls Sie mit dieser vereinfachenden Regelung einverstanden sein sollten. Für die bei Ihnen in Betracht kommenden Kostenträger können Sie bei mir im Rahmen der beschriebenen Regelung jederzeit quittierte und spezifizierte Rechnungen anfordern, möglichst jedoch nicht unter zehn Sitzungen.

Nun möchte ich Ihnen zum Schluß noch zwei Probleme nennen, die für unsere Zusammenarbeit von Bedeutung sind.

Es handelt ich zum einen um Fragen unserer Gleichberechtigung. Wenn ich jetzt als Ihr Behandler in Ihre Dienste trete, dann sind Sie mir gegenüber in der Rolle des Auftrags- bzw. Arbeitgebers. Ich bin damit Ihr sachverständiger Auftrags- bzw. Arbeitnehmer. Sie sind – mit anderen Worten – in unserem Verhältnis der Dienstherr bzw. die Dienstherrin. Ich bin durch meine berufliche Schweigepflicht gebunden und zu strenger Diskretion angehalten. Über Ihre Traumniederschriften oder Ihre anderen Erzeugnisse, die Sie für die Behandlung anfertigen werden, darf ich ohne Ihre ausdrückliche Zustimmung nicht anderweitig verfügen. Sie dagegen sind insoweit ganz ungebunden. Sie könnten diese Dinge jederzeit von mir zurückfordern, könnten Artikel und ganze Romane über Ihre Behandlung schreiben und diese Unterlagen dabei verwenden.

Um hier Gleichberechtigung zwischen uns herzustellen, werde ich Sie bitten, mir für Ihre Erzeugnisse, die Sie für die Behandlung herstellen, das Urheberrecht abzutreten. Das hätte zur Folge, daß wir dann beide ggf. über den Gebrauch jener Erzeugnisse nur im gegenseitigen Einvernehmen verfügen könnten. Was mich anbetrifft, so würde ich sowieso immer Ihre Erlaubnis benötigen. Daran hätte sich nichts geändert. Auf der anderen Seite aber müßten dann auch Sie für anderweitigen Gebrauch jener Unterlagen mein Einverständnis besitzen. Sie können sich das in aller Ruhe überlegen. Und wir können es im persönlichen Gespräch noch weiter erörtern.

Der andere Punkt betrifft die sogenannten Spielregeln. Ich sagte eingangs schon, daß ich Ihnen nachher die ‹Grundkonstitution› für die spätere Gruppenarbeit aushändigen werde. Darin sind eine Reihe von Regelungen zusammengefaßt, die sich für diese Art analytisch-psychotherapeutischer Gruppenarbeit als wichtig herausgestellt haben. Sie brauchen jene Grundkonstitution nicht gleich durchzulesen. Sie haben noch ein paar Wochen Zeit, ehe für Sie ein Gruppenplatz frei wird. Bis dahin werden wir uns wiederholt persönlich sprechen, so daß wir Ihre Fragen in Ruhe miteinander erörtern können.

Jetzt möchte ich lediglich grundsätzlich etwas zum Thema Spielregeln sagen, weil es andere Auffassungen gibt, die in Regeln Freiheitsverluste, Einengungen und damit Verkleinerungen der notwendigen Spielräume sehen.

Meines Erachtens werden Regeln geschaffen, um die Freiheitsgrade zu vermehren. Beispielsweise ist ein Fußballspiel lebendiger und bietet mehr Entfaltungsmöglichkeiten als Völkerball. Skat bietet mehr Möglichkeiten als Schwarzer Peter. Schließlich bietet auch das Schachspiel viel mehr Möglichkeiten als das Dame- oder das Mühlespiel.

Mit diesen Beispielen möchte ich zeigen, daß komplexere Spielregeln die Spiele nicht behindern müssen. Komplexere Spielregeln machen die Spiele oft erst interessant, weil sie mehr Möglichkeiten eröffnen. Man kann Regeln zwar auch mißbrauchen, aber das ist nicht ihr Sinn. Selbst im Straßenverkehr dienen die Ampelanlagen und die Verkehrsregeln einer möglichst sicheren und zügigen Abwicklung dessen, was die Verkehrsteilnehmer vorhaben, nicht aber dazu, um den Verkehr zu behindern.

Der Genesungsvorgang wird davon abhängen, daß Sie Einfälle verwörtern und auf diese Weise unverarbeitete Situationen Ihres Lebens zu Tage fördern, in denen Sie sich liebgewinnen; daß Sie neue Einsichten erarbeiten in Ihrem Umgang mit sich und der Welt und, daß Sie üben, sich selbst zuliebe die neugewonnenen Einsichten in Ihren Alltag einzubringen.

Was mich anbetrifft, so habe ich mich als Ihren Verbündeten, als Ihren Anwalt zu betrachten und darauf acht zu geben, wo Sie autodestruktiv, d. h. gegen sich selbst ablehnend eingestellt sind. Ich habe Ihnen aufmerksam zuzuhören und Ihnen einsichtig zu machen, wo Sie Liebe von außen her für sich beanspruchen, statt sich ein solches Bedürfnis selbst zu stillen. Wir werden sehen!

Ich wünsche uns, wie die Bergleute sagen, ehe sie in die ergiebigen Tiefen einfahren: Glück auf!»

Das war die Niederschrift des Einführungstonbandes, das jeder Patient vor seiner ersten psychoanalytischen Einzelsitzung in meiner Praxis abgehört hat.

Aus einer ersten Behandlungsstunde

Im Anschluß daran – um in unserem Beispiel mit Ihnen als Patient, bzw. als Ausbildungskandidat zu bleiben – bitte ich Sie zu mir herein und bitte Sie dann, mir gegenüber am Schreibtisch Platz zu nehmen. Wir unterhalten uns über die Nachteile der Tonbänder, über Ihre Fragen, über Ihre ganz persönlichen Anliegen und über das, woran Sie leiden.

Ich empfehle Ihnen dabei, mit möglichst niemandem über die Inhalte Ihrer Analyse zu sprechen, vor allem dann nicht, wenn ein Thema Sie jeweils aktuell noch besonders beschäftigt und Spannungen in Ihnen hervorruft. Dadurch wird der Fortgang der Behandlung gefördert. Wenn man ein solches Thema jedoch mit dritten Personen ausdiskutiert, gehen die fruchtbaren Spannungen der therapeutischen Bearbeitung oft verloren.

Sollten Sie selbst bereits Patienten psychoanalytisch behandeln, dann sollten Sie darauf verzichten, eine in Ihrer Analyse neugewonnene Einsicht vor Ablauf von zwei Monaten in jene Behandlungen einzubringen. Eine solche Zeitspanne ist nämlich erforderlich, um die neue Einsicht in Fleisch und Blut übergehen zu lassen.

Nun unterzeichne ich vor Ihren Augen die «Grundkonstitution für die Behandlung mit ambulanter gruppenzentrierter, multimodal-integrierter, analytischer Psychotherapie (Agmap)» und das dazugehörende Anschreiben und händige Ihnen beides aus. Dann erbitte ich Ihre Unterschrift auf der «Erklärung zum Urheberrecht». Sie erhalten davon eine Kopie. Sie erhalten ferner Ihre Terminkarte und ein «Rezept für Alleinübungen».

Auf der Terminkarte werden Gruppensitzungen mit den Kennbuchstaben A, B, H, R und D eingetragen. Bei Einzelstunden wird der Kennbuchstabe mit einem Kreis umgeben. Versäumte Sitzungen werden eingeklammert. Auf der auch von mir für jeden Patienten geführten Terminkarte markiere ich von vornherein außerdem den Geburtstag, den Jahrestag des Behandlungsbeginns und ggf. bestimmte Krisentage.

Die Honorarhöhe hatten wir bereits im Anschluß an die neurosenpsychologische Untersuchung miteinander vereinbart, so daß wir jetzt nur noch den Abrechnungsmodus und die Höhe der monatlichen Akontozahlungen festlegen. Abschließend unterzeichnen wir beide in doppelter Ausfertigung den «Laufzettel», von dem Sie und ich ein Exemplar erhalten.

Dann reiche ich Ihnen die Hand zum Zeichen unseres Arbeitsbündnisses und versichere Ihnen, daß ich stets bemüht sein will, Ihnen mein Bestes zu geben.

(In diesem Buch ist der Wortlaut der erwähnten schriftlichen Unterlagen im Anhang wiedergegeben.)

Nun bitte ich Sie, es sich auf der Behandlungscouch bequem zu machen und einen Traum zu erzählen. Ich sitze an Ihrem Kopfende.

Die Behandlung beginnt.

Die Aufgaben des Analytikers

Jetzt ist es angebracht, etwas über die Arbeit des Analytikers auszusagen, wie sie hier verstanden wird. Der Patient erzählt seinen Traum, benennt dann – möglichst losgelöst vom Traumkontext – ein Traumdetail und erzählt, was auch immer ihm nun einfällt.

Als eine *erste* Aufgabe bildet der Analytiker im stillen zu dem Traum das Komplement als dessen spiegelbildliches Gegenteil. Er erfährt dadurch die aktuelle Notlage des Patienten sowie als Traumwink die vom Patienten selbst erträumten aktuellen Lösungsmöglichkeiten. Er weiß infolgedessen, worauf er beim Anhören der Einfälle bzw. des Selbstgespräches seines Patienten besonders zu achten und in welche Richtung er dessen Aufmerksamkeit mit seinen Anmerkungen zu lenken hat. Eingehende Erläuterungen zu der dazu benötigten «Drei-Stufen-Technik der Traumanalyse» finden sich im Schlußteil des Buches.

Nachdem der Analytiker in dieser Weise oneirogen, d. h. vom Traum des Patienten eingestimmt worden ist, hat er außerdem folgende weitere Aufgaben zu erfüllen:

2 Er hat die vereinbarte Zeit hinter dem Patienten sitzen zu bleiben,
3 zuzuhören und
4 auszuhalten, was der Patient sagt, und sich nicht getroffen oder beleidigt zu fühlen.
5 Er hat auf die Emotionen zu achten, die der Patient in ihm hervorruft.
6 Ferner hat er dem Patienten zum Konkretisieren seiner Einfälle zu helfen; d. h. ihn durch Fragen dahin zu führen, daß in dem vom Patienten hervorgebrachten Material eine biographische Situation sichtbar wird, in der der Patient selbst vorkommt.

7 Gemeinsam mit dem Patienten hat er zu klären, ob der Patient in jener Situation freundschaftlich oder autodestruktiv mit sich umgegangen ist oder ob er womöglich gar kein Verhältnis zu sich geschaffen hat; ob er sich getröstet, sich geärgert, sich beschimpft oder einfach resigniert hat.

In der Regel stellen sich Situationen ein, in denen der Patient nicht freundschaftlich mit sich umgegangen ist. Dann besteht eine Aufgabe des Analytikers darin,

8 den Patienten zu veranlassen, mit seiner heutigen Einsicht und mit der ihm heute möglichen warmherzigen Zuwendung zu sich selbst in jene zurückliegende Situation einzutreten und zu versuchen, mit dem, der er selbst damals gewesen ist, einen Dialog zu beginnen mit dem Ziel, sich an ihn, der er damals war, heranzulieben und ihn um Verzeihung zu bitten. Dann ist die innere Antwort abzuwarten! Gegebenenfalls ist der Dialog weiterzuführen, bis die Verzeihung gewährt und angenommen ist.

Erfahrungsgemäß sind während dieses Prozesses laufend behutsame Hilfestellungen seitens des Analytikers erforderlich.

Gelingt die Aussöhnung, die als Reintegrations- oder Individuationsschritt anzusehen ist, wird ein anderes Traumdetail benannt und in gleicher Weise weiter verfahren.

Um diesen Vorgang besser zu verstehen, betrachte man eine Baumscheibe, die es einem ermöglicht, die Jahresringe eines Baumes deutlich zu erkennen, sie zu zählen, um so das Alter des Baumes zu ermitteln, um feuchte und trockene Jahre seines Lebens zu erkennen und anderes mehr. Ich will damit sagen, daß die Geschichte jenes Baumes aus diesen Schichten, diesen Jahresringen besteht, und daß man, wenn man einen Baum betrachtet, in seiner Gestalt seine Geschichte vor sich hat.

Wenn auch der Körper des Menschen nicht in Jahresringen strukturiert ist, so gilt dennoch, daß auch die gegenwärtige Gestalt eines Menschen gleichzeitig seine Geschichte ist. Jeder Mensch hat die Möglichkeit zur Rückblende. Jeder kann sich in seiner Geschichte wieder aufsuchen, sich wieder sehen, und mit sich, dem vielleicht Drei- oder Siebenjährigen, in einen Dialog eintreten. Eine solche Aufgabe könnte ihm kein anderer abnehmen, weil allein er die Möglichkeit dazu besitzt, sich selbst aus seiner Geschichte heraus für sich neu ansprechbar zu machen. Er hat die Möglichkeit, andere und im Fall der psychoanalytischen Behandlung seinen Analytiker daran teilnehmen zu lassen.

9 Eine weitere Aufgabe des Analytikers besteht darin, wie der Schiedsrichter bei einem Fußballspiel auf die Einhaltung der vereinbarten Regeln zu achten, weil sich im Umgang mit ihnen Übertragungen, Widerstände, Projektionen und Regressionen bevorzugt manifestieren.

10 Der Analytiker assistiert dem Patienten unablässig – sei es schweigend, sei es mit Worten – bei der Realitätsprüfung; einerseits, indem er ihm Rückmeldungen gibt über die Gefühle, die der Patient bei ihm mit diesem oder jenem Verhalten auslöst; andererseits, indem er ihn zu laufender Überprüfung seiner Wertungen und seiner Begriffsinhalte anhält und ihm, wie es häufig erforderlich ist, die dafür nötigen Anhaltspunkte zur Verfügung stellt, Auskünfte erteilt und ggf. Stellung nimmt. Es ist wichtig, daß dies ebenso ehrlich wie unverbindlich geschieht.

Unverbindlich deshalb, weil der Patient zu seiner eigenen Façon hinfinden soll. Wenn beispielsweise ich als Mann einer Patientin gegenüber meine Einschätzung einer bestimmten Situation erläutere, bleibt es die Aufgabe der Patientin, ihr Werten und Handeln ihrer eigenen weiblichen Wesensart gemäß einzurichten.

11 Gemeinsamer Gegner ist die Neurose, ist die Neigung des gehemmten Menschen, sich seine Liebe zu versagen und sich ohne Scham und Reue immer wieder neu selbst «in die Pfanne zu hauen». Angesichts dieses Umstandes muß der Analytiker sich ständig bewußt bleiben, ein besonders enger Verbündeter des Analysanden zu sein. Er hat wie ein guter Anwalt unverzüglich einzugreifen und zwar bewußtseinsweckend einzugreifen überall da, wo der Analysand noch nicht einmal bemerkt, daß er es versäumt, sich vor Übergriffen seiner Umwelt, vor allem aber vor seinen eigenen Autodestruktionen zu beschützen. Auf diese weit gefächerte Weise leistet der Analytiker so etwas wie Hebammendienst. Er

hat nicht sich im Patienten zu verwirklichen, sondern dem Patienten beizustehen, der zu werden, der er im Grunde ist.

12 Er hat bei allem, was der Patient vorbringt, darauf zu achten, daß nicht die vom Patienten erwähnten Handlungsweisen anderer Personen zum Gegenstand der Überlegungen gemacht werden, sondern nur des Patienten eigene Anstöße dazu und dessen danach gezogenen Konsequenzen.

Faktoren im Verhalten des Patienten, die für die Prognose wichtig sind

Die Prognose einer psychoanalytischen Behandlung, also auch der Anwendung von Agmap, hängt aber nicht nur von dem zuverlässigen Einsatz des Behandlers ab. Ebenso gibt es seitens des Patienten typische Merkmale, die sich ganz entscheidend auf die Prognose auswirken können.

So wird die Prognose *günstig* beeinflußt,
1 wenn der Patient nicht etwa seine Symptomatik, sondern immer wieder neu seine Neurose zum gemeinsamen Gegner macht und ihr gegenüber aktiv wird. Unter Neurose ist seine Gehemmtheitsstruktur oder besser die Gestörtheit seines Umgangsverhaltens in erster Linie mit sich selbst zu verstehen.

Das bedeutet, daß er seine gegen sich selbst gerichteten, als autodestruktiv bezeichneten Tendenzen stellt, wo auch immer er sie antrifft, daß er sich seiner erbarmt und sich ändert, indem er sich um Verzeihung bittet, und dort Zuversicht und Hoffnung einübt, wo er bislang autodestruktiv mit sich umgegangen ist;

2 wenn er seinen Analytiker in die Position seines sachverständigen Beraters bringt und mit ihm ein möglichst emotional getragenes Bündnis eingeht, wie es von Sigmund Freud mißverständlich als positive Übertragung bezeichnet worden ist;

3 wenn er für seine Not nicht seine Umwelt, sondern seinen eigenen Umgang mit sich selbst verantwortlich macht und folglich nicht versucht, seine Umwelt und seine sozialen Verstrickungen zu ändern, sondern unablässig daran arbeitet, das eigene Verhalten zu berichtigen. Üben und nochmals üben ist das Entscheidende;

4 wenn er vermeidet, mit dritten Personen, insbesondere mit denen seiner engeren Mitwelt, Themen zu erörtern, die mit seiner Analyse zusammenhängen. Je weniger in seiner Mitwelt von seiner Analyse bekannt ist, insbesondere von dem, was gerade ansteht, um so besser;
5 wenn er auf Tagträumereien verzichtet zugunsten immerwährender Realitätsprüfung.

Es gibt im Verhalten des Patienten auch Faktoren, die sich auf den psychoanalytischen Heilungsprozeß *ungünstig* auswirken, so daß die beabsichtigte Veränderung im Verhältnis des Patienten zu sich selbst unterbleibt. Das ist oft dann der Fall, wenn Änderungen in der Umwelt eingetreten oder herbeigeführt worden sind, die den Leidensdruck mindern.

Zu diesen, die Prognose verschlechternden Faktoren, sind die bekannten vordergründigen Widerstandsphänomene im allgemeinen nicht zu zählen, weil ihre Durcharbeitung zum analytischen Alltag und damit zu einem normalen Behandlungsverlauf gehört. Hierzu können Vorkommnisse wie langes Schweigen, häufiges Zuspätkommen, Nichterinnern von Träumen und ähnliches mehr gezählt werden.

Schwieriger wird es dagegen mit den stärker verdeckten Formen des Widerstandes,
1 wenn der Patient es unterläßt, seine Neurose als den gemeinsamen Gegner anzusehen. Wenn er statt dessen über die Schwierigkeiten klagt, die ihm aus seinen sozialen Verstrickungen, aus den Mängeln seiner Arbeits- und Umgangsweisen entstanden sind. Wenn er damit versucht, die Verantwortung von sich weg auf die Verhältnisse abzuwälzen und die Aufmerksamkeit des Analytikers auf veranlaßte Veränderungen in der Umwelt zu lenken. Der Schritt ist dann nicht mehr groß, bis er den Analytiker in die Gegnerposition bringt.
2 wenn der Patient sich Ersatzbefriedigungen sucht. Beispielsweise er erkennt, daß er mehr Liebe braucht, aber er verkennt, daß er diese Liebe sich selbst zuwenden müßte. Statt dessen schafft er sich eine Geliebte an, die ihn mit dem Gewünschten «von außen her» beliefern soll;
3 wenn er mit dritten Personen, insbesondere mit seiner engeren Mitwelt über Analyseinhalte spricht. Wenn er das tut, geschieht dies immer in der Hoffnung, damit um die

erforderlichen Änderungen des eigenen Verhaltens herumzukommen, weil er entweder größeres Verständnis und daraufhin mehr Toleranz für das eigene Fehlverhalten erwartet, oder aber weil er glaubt, den Druck, den die neugewonnenen Einsichten auf ihn ausüben, durch solche Gespräche mindern zu können. Es geht gar nicht selten soweit, daß er die notwendigen Verhaltensänderungen statt von sich von der Mitwelt erwartet und vorwurfsvoll reagiert, wenn sie ausbleiben.

Hat ein Patient entdeckt, daß er nicht bittet, daß er beim Frühstück nicht sagt: «Bitte reiche mir die Butter!», sondern: «Siehst du eigentlich nicht, daß ich nicht an die Butter komme?» oder: «Warum bietest du mir die Butter nicht an?» oder gar: «Warum haben wir keine Butter auf dem Tisch?» Und hat er womöglich die notwendige Verhaltensänderung erkannt, so hält er, statt sich selbst in dem als richtig erkannten Verhalten zu üben, seinen Tischgenossen einen Vortrag, daß man hier Bitten äußern müsse. Von jetzt ab korrigiert er die anderen. Wenn ein anderer dann nicht «vorschriftsmäßig» bittet, tut er so, als ob er nichts gehört hätte. Auf dieses Problem ist schon vorhin im Zusammenhang mit den Aufgaben des Analytikers hingewiesen worden. So sollen beispielsweise Ausbildungskandidaten neu gewonnene Einsichten aus ihrer Lehranalyse bei ihren Analysepatienten nicht vor einer mindestens achtwöchigen Übungszeit anwenden;

4 wenn der Patient in der Einzelstunde nicht mehr uneingeschränkt referiert, was in ihm vor sich geht, sondern Vorbehalte macht. Das wird zuerst deutlich bei der Nennung von Namen. Im Traum oder in den Einfällen kommen Personen vor, die der Analytiker nicht kennt.

Normalerweise gibt der Patient über diese Personen einen kurzen «Steckbrief»: Er nennt Vor- und Zunamen, Alter und Beruf, vor allem auch den Intimitätsgrad und die Bedeutung, die diese Person für den Patienten besitzt. Nur so kann der Analytiker den «Stellenwert» der vorgestellten Person in den vom Patienten vorgetragenen Zusammenhang zutreffend einordnen.

Beschränkt sich der Patient auf das Nennen von Vornamen, so daß der Analytiker dann die vielen Ursels, Evas, Freds und Hermanns auseinander und zugleich im Gedächtnis behalten soll, wird er einerseits überfordert, andererseits ausgeklammert. Dieser Vorgang wird weiter zugespitzt, wenn der Patient dieses zensierende Verhalten mit dem Erfordernis von Diskretion begründet. Denn damit setzt er den obersten Grundsatz außer Kraft: Volle Offenheit des Patienten gegen strengste Diskretion des Analytikers.

Auch in den vorstehend behandelten vier Punkten ist die als Widerstand bezeichnete Beharrungstendenz am Werk, für die das geflügelte Wort gilt: «Wasch mir den Pelz, aber mach mich nicht naß!»

Wichtig ist, daß der Patient seine autodestruktiven Gedanken und Selbstgespräche nicht nur gedanklich korrigiert, sondern daß er die neu gestalteten warmherzigen Autosuggestionen gut hörbar ausspricht, so daß sie über seine Ohren neu bei ihm eingespeichert werden.

Zu den Aufgaben des Analytikers gehört es, auf diese Faktoren, die für die Prognose wichtig sind, dauernd zu achten, wenngleich er dem Patienten nichts von dessen Aufgaben abnehmen kann. Das «Rezept für Alleinübungen» ist als eine anregende Hilfe gedacht. Dennoch hat jeder Patient die Freiheit, das Arbeitsbündnis zu mißachten, nicht zu üben und sich statt mit sich selbst mit der Neurose inniger zu verbünden. Wenn es hier nicht rechtzeitig gelingt, den Patienten immer wieder neu zu einer Wende zu sich selbst hin zu motivieren, empfiehlt es sich unter Hinweis auf den inzwischen geminderten Leidensdruck,, die Behandlung einvernehmlich zu beenden.

Zwischenbemerkung

Kehren wir zu unserem Beispiel zurück!
Sie, liebe Leserin, lieber Leser, haben nun Ihre erste Behandlungsstunde hinter sich. Für Ihre erste H-Einzelstunde erhalten Sie keine besondere Vorinformation. Ich mache Sie mit meiner Mitarbeiterin, einer Atem-, Sprech- und Stimmlehrerin der Schule Schlaffhorst-Andersen bekannt. Wir bitten Sie, die Schuhe auszuziehen, beengende Kleidungsstücke zu lösen und sich darauf einzustellen, daß wir Ihr Bewußtsein für Ihren Atem, Ihre Stimme und insgesamt für Ihre Leiblichkeit wecken wollen. Es wird wenig Gespräch, dafür um so mehr nonverbale Selbsterfahrungen geben. Sie werden es erleben und lernen, leibliche Verspannungen in Wohlspannungen umzuwandeln. Am Schluß dieses Buches wird ein Kapitel ausführlicher über den Inhalt der H-Arbeit berichten.

Sehr viel ungewohnter ist für viele erwachsene Patienten die Lambanotherapie, bei der ein zielfreier Bemächtigungsumgang mit Material zum Vehikel des analytischen Prozesses gemacht wird. Auch wegen der Bekleidung hat es sich als wünschenswert erwiesen, die Patienten vorab über diese Art der Behandlung zu informieren. Sie erhalten deshalb einige Tage vor Ihrer ersten B-Einzelstunde zum Abhören ein weiteres Informationstonband, das in diese Technik einführt.

Das Einführungstonband für B-Sitzungen

«Guten Tag! Machen Sie es sich gemütlich! Auch für dieses B-Band gilt das gleiche wie für alle Tonbänder, die Sie hier zum Abhören bekommen: Sie dürfen sich Notizen machen, das Band stoppen und es so oft abhören, wie Sie wollen.

Mit dem Buchstaben **B** kennzeichnen wir Behandlungssitzungen, in denen der zielfreie (= infinale) Umgang mit Material unser Ausdrucksmittel ist. Was damit gemeint sein soll, werde ich Ihnen jetzt erklären.

Wenn ein Mensch geboren wird, ist er zunächst mit fast nichts vertraut. Die ihm aus seiner Lebenszeit im Mutterleib geläufigen Qualitäten sind vielleicht Dunkelheit, Feuchtigkeit, Bauchgeräusche, Geschuckeltwerden. Das ist aber wahrscheinlich schon fast alles.

Jeder Mensch, Sie und ich auch, haben uns daher als Neugeborene in einer uns völlig unvertrauten Umgebung befunden. Unvertraut heißt soviel wie unheimelig und beängstigend. Dieser Umstand hat jedoch nicht dazu geführt, daß wir uns gegenüber dieser unvertrauten Welt verschlossen und von ihr abgekehrt haben. Das wäre unser Tod gewesen. Es gibt in uns einen gewaltigen Trieb, der es bewirkt, daß wir uns geöffnet und uns dem Unvertrauten zugewendet haben, um uns damit vertraut zu machen, um es kennenzulernen, um es seines unheimeligen und beängstigenden Charakters zu entkleiden, um Macht darüber zu gewinnen.

Diesen gewaltigen Trieb nennen wir Neugier. Diese Neugier bewirkt, daß wir uns wie beim Erschrecken öffnen, unsere Sinne und unser Bewußtsein auf das Unbekannte und Unvertraute richten und damit etwas tun. Was haben wir damals mit all dem Unbekannten angefangen? Wir haben es berührt.

Zuerst zaghaft, vorsichtig, abwartend, dann mutiger, öfter, immer wieder. Wir haben es betastet, beguckt, berochen, haben es in den Mund gesteckt, beleckt, gebissen, haben es gestoßen, gerissen, gestreichelt, geworfen und so weiter.

Dadurch wurden Schritt für Schritt Gefühle wie Ohnmacht und Angst überwunden und durch die Fähigkeit ersetzt, mit unserer Welt umzugehen.

Die alten Griechen haben diese Tätigkeiten des grundlegenden ersten Kennenlernens als lambanein bezeichnet. Man kann demnach von einer Lambanophase und von Lambanoprozessen sprechen. Auf deutsch sprechen wir von der Bemächtigungsphase, die der konstruktiven Phase vorausgeht.

Gelingt dieser wichtige Abschnitt menschlicher Entwicklung, dann hat der Mensch dadurch die Fähigkeit erworben, mit den Gegenständen der physikalischen Welt ungestört von Ängsten und Ekelgefühlen umzugehen. Dann hat er sich sozusagen die Erde untertan gemacht.

Besonders hervorzuheben ist, daß auch unser Körper mit seinen mannigfachen Funktionen zu den Gegenständen der physikalischen Welt gehört, so daß wir nicht nur das Andere erfahren, sondern daß wir am anderen immer gleichzeitig auch uns selbst erfahren, daß wir auch mit unserem Körper, mit seinen Gliedmaßen und Funktionen vertraut werden. So gewinnen wir auch über unseren Körper Macht. Wir erleben, daß unser Körper zwar auch ein Gegenstand der Welt und doch zugleich etwas anderes ist als die anderen Gegenstände, daß er in einem anderen Verhältnis zu uns steht.

Gewiß ist es wünschenswert, daß jeder die Bemächtigungs- bzw. die Lambanophase seines Lebens ungestört bewältigen kann. Die Wirklichkeit sieht jedoch anders aus. Denn hier besteht offensichtlich eine Gegensätzlichkeit zwischen den Generationen.

Während die Eltern innerlich dazu veranlaßt sind, ein ‹Nest› zu bauen, d. h. eine Umwelt zu schaffen, die tragfähig genug ist, daß darin Kinder aufwachsen können, sind die Kinder innerlich veranlaßt, dieses ‹Nest› in der Lambanophase zu zerlegen, es auseinanderzunehmen. Infolgedessen gibt es Zusammenstöße. Die Folgen davon sind Reste von Unvertrautheit, sind sozusagen unerforschte Inseln in der erforschten Umwelt. Sie sind Zonen, in denen Gefühle von

Unheimeligkeit, Angst und Ekel bestehen geblieben und nicht in Gemütlichkeit, Macht und Mut umgewandelt worden sind.

Diese Befunde sind bei Menschen, die an einer Neurose oder an einer psychosomatischen Erkrankung leiden, regelmäßig anzutreffen. Da sie aus einer Lebenszeit stammen, in der die Betreffenden noch nicht sprechen gelernt hatten, nennen wir sie praeverbal, d. h. vorsprachlich. Ihnen ist therapeutisch mit einer Gesprächsmethode, also mit unseren A-Sitzungen, nicht in wünschenswerter Weise beizukommen. Statt dessen ermögliche ich meinen Patienten eine Art Rückblende. Sie wird als Regression bezeichnet. Der Patient kann noch einmal von vorn anfangen. Er darf verschiedene Materialien spielerisch kennenlernen und kann auf diese Weise sozusagen die unterbliebenen Bemächtigungs- oder Lambanoschritte nachholen. Diese Art von Behandlungssitzungen werden hier mit dem Buchstaben **B**, das ist die Abkürzung für Bemächtigung, bezeichnet.

Sie erhalten dazu von mir eine Arbeitsschürze. Es empfiehlt sich, sich so zu kleiden, daß die Ärmel hochgekrempelt werden können und daß der Kleidung keine besondere Achtsamkeit gewidmet werden muß. Armbanduhr, Ringe, Armreifen und andere Schmuckstücke sind abzulegen, damit sie nicht beispielsweise in der feuchten Tonerde verschwinden.

Tisch, Stühle und Fußboden lassen sich abwaschen. Das jeweils benötigte Material wird Ihnen zur Verfügung gestellt. Es handelt sich um Tonerde, Kleister, Farben, unbedrucktes Zeitungspapier, Mehl, Butter, Zucker, Eier, Hackfleisch, Obst und Gemüse, Zweige, Moos, Blätter, Pilze, Glas, Blech, Bindfaden, Sand usw.

Die B-Technik hat noch andere Seiten. Das Material ist nämlich auch zu benutzen als eine Art Sündenbock oder Blitzableiter oder Popanz stellvertretend für Tiere und Menschen, denen wir gerade zürnen oder die wir aus Neugier untersuchen und auseinandernehmen oder sexuell in Anspruch nehmen möchten. Wenn beispielsweise Kinder ihre Aggressionen abreagieren, können und sollen sie diese nicht uneingeschränkt an Tieren, Eltern und Geschwistern auslassen. Sie benutzen dafür ihr Spielzeug, ihre Puppen, den Sand im Sandkasten oder anderes.

Schließlich dient das Material auch dazu, um Tabuiertes darzustellen, sich über Tabuiertes Klarheit zu verschaffen und mit Tabuiertem zu spielen.

Für diese beiden weiteren Möglichkeiten nenne ich Ihnen hier keine Beispiele. Sie werden mit dem Gefühl der Erleichterung selbst erleben, worum es geht und wie sehr es uns auf dem von uns gemeinsam eingeschlagenen Weg voranbringt.

Ich nenne Ihnen nur noch ein paar Regeln, die für die B-Sitzungen gelten.

1 Der Behandlungsraum soll in dem Zustand wieder verlassen werden, in dem man ihn antrifft. Das heißt, man breitet nur soviel von den bereitgestellten Materialien aus, wie man in der gesetzten Zeit auch wieder einräumen kann.

2 Wenn – wie es oft vorkommt – im Einzelfall nichts anderes verabredet wird, darf man andere anwesende Personen nicht berühren, wohl aber deren Materialien. Man darf ihnen beispielsweise Ton und Farben abgeben oder auch gegen ihren Willen in deren benutztes Material hineingreifen, ihnen auch davon wegnehmen usw.

3 Auch die Kleidung aller Beteiligten soll verschont bleiben.

Nun wünsche ich Ihnen für Ihre B-Sitzungen viel Freude. Ich werde Sie zu Beginn mit meinem hierfür speziell ausgebildeten Mitarbeiter, einem Psychopäden, bekannt machen, der Ihnen zur Hand gehen wird.

Erinnern Sie sich an das Wort Gottes: ‹Machet Euch die Erde untertan!› Das ist meines Erachtens die Aufforderung zur Lambano-Arbeit, zur Bemächtigung des eigenen Körpers mit seinen Funktionen und der Welt. Es geht offenbar darum, Beherrschung zu gewinnen und Verantwortung für sich und seine Umwelt zu übernehmen. Wird die in der Bemächtigungsarbeit enthaltene Aggressivität irrtümlich gegen sich selbst gerichtet, entstehen Vertrautheitslücken und Ängste und als typische Konsequenzen Herrschsucht und Autodestruktionen. Der in dieser Weise gestörte Mensch macht nicht die Welt sich untertan, nein, er unterwirft sich unter die Welt. Ihre Stellungnahme interessiert mich. Auf Wiederhören.»

Das war die Niederschrift des Einführungstonbandes für B-Sitzungen. Im Schlußteil des Buches finden sich weitere Angaben zum Thema Lambanotherapie.

In unserem Beispiel sind Ihre 3 A-, 4 B- und 4 H-Einzelstunden, die jeder Patient gleichermaßen als Vorbereitungsstunden erhält, auf einen Zeitraum von acht Wochen verteilt. Sie geben Ihnen Gelegenheit, die zur Anwendung kommenden Techniken und meine als Co-Therapeuten tätigen Mitarbeiter kennenzulernen, die von mir speziell für diese Aufgabe fortgebildet worden sind. Erst dann, wenn Sie bei Ihrem Entschluß geblieben sind, werden Sie zu Beginn des dritten Monats erstmals an einer Gruppensitzung teilnehmen. Und zwar wird das auf jeden Fall eine A-Gruppensitzung sein, in der ich Sie in Ihre Gruppe aufnehme.

Vor Ihrer dritten A-Einzelstunde lasse ich Sie deshalb das Einführungstonband für A-Gruppensitzungen abhören, damit Sie eventuelle Bedenken oder Fragen unmittelbar anschließend noch erörtern können.

Der Wortlaut ist hier wiedergegeben.

Das Einführungstonband für A-Gruppensitzungen

«Hallo! Machen Sie es sich gemütlich! Sie wissen ja bereits mit dem Abhören meiner Tonbänder Bescheid. Auf diesem Band geht es um die A-Gruppensitzung Ihrer Gruppe, der Sie von jetzt ab angehören. Sie haben inzwischen die Grundkonstitution gelesen und wissen, daß jeder Gruppenteilnehmer ebenso wie Sie diese Grundkonstitution durch seine Teilnahme an einer Gruppensitzung als verbindlich anerkennt und daß damit jeder die gleichen Pflichten und Rechte hat.

Fangen wir mit dem Anfang an. Kurz vor Beginn der Sitzung werden Sie sich in meinem Wartezimmer einfinden. Dort sitzen nicht nur Gruppenteilnehmer, sondern auch andere Leute. Ich sage das wegen des verabredeten Inkognito. Sollten Sie nämlich zufällig im Wartezimmer jemanden treffen, mit dem Sie gut bekannt sind, dann müßten Sie dies unmittelbar meiner Sekretärin mitteilen, damit wir gegebenenfalls nach einer anderen Lösung suchen, bei der Ihr Inkognito gewährleistet ist.

Zur vereinbarten Zeit bitte ich Ihre Gruppe zu mir herein. Jeder kann sich setzen, wohin er will. Es gibt keine Sitzordnung. Für die Dauer einer Sitzung ergeben sich jedoch, je nachdem, wie die Teilnehmer Platz genommen haben, bestimmte Funktionen. Jeder einzelne ist nämlich für den links neben ihm Sitzenden so etwas wie ein Pate oder ein Mentor. Er ist für ihn in besonderer Weise zuständig. Die Gruppenpatienten sprechen von ‹Hinterhand›, ein Ausdruck, der vom Kartenspiel stammt. Ich komme darauf zurück.

Wenn alle Platz genommen haben, werde ich Ihre Gruppenkollegen auffordern, Ihr Lebensalter zu schätzen. Ich bitte Sie, diese Schätzungen anzuhören, ohne für den jeweils Nächsten durch Mienenspiel oder andere Signale Hinweise zu geben, ob jemand sich vielleicht verschätzt oder das richtige Alter getroffen hat. Erst wenn reihum alle geschätzt haben, nennen Sie bitte Ihr Alter und Ihren Rufnamen.

Danach werde ich Sie bitten, daß nun Sie reihum das Alter Ihrer Gruppenkollegen schätzen. Dann wird jeder Ihnen mit der Mitteilung seines Alters und seines Vornamens antworten. Das ist die gegenseitige persönliche Vorstellung. Danach werde ich die Erklärung abgeben, daß jeder der Anwesenden im Besitz der Grundkonstitution ist, die zudem im Sprechzimmer aushängt und daß jeder durch seine Teilnahme an dieser Sitzung diese Grundkonstitution als rechtsverbindliche Arbeitsgrundlage anerkennt. Damit sind Sie in die Gruppe aufgenommen.

Dann werde ich bitten, die Träume zu erzählen, die in der Reihenfolge bearbeitet werden, in der sie erzählt worden sind. Tatsächlich hat das dazu geführt, daß alle, um als erster dranzukommen, ihren Traum gleichzeitig im Chor lautstark vorbringen. Die Folge davon war, daß die Gruppenteilnehmer auch dafür eine Regelung eingeführt haben. Sie sehen daraus, daß die Gruppen jederzeit Regelungen aufheben, abändern oder neu einführen können, soweit die Grundkonstitution dadurch nicht beeinträchtigt wird. Die zur Zeit mit Bezug auf die Traumberichte gültige Regelung sieht so aus, daß abwechselnd jeder Teilnehmer einmal erster ist. Dazu hat jeder der acht Teilnehmer eine laufende Nummer. Diese und die Nummer seiner Gruppe benutzt er auch dazu, um seine Traumniederschrift, seine Bildnereien oder was sonst dafür in Betracht kommt, zu signieren. Damit steht es fest, wer jeweils als erster seinen Traum in Ruhe vortragen kann. Ist er damit fertig, teilt er das ausdrücklich mit, klatscht in die Hände oder klopft auf den Tisch und gibt damit das Signal zum Konkurrieren um den zweiten Platz. Er entscheidet dann frei, wem er den zweiten Platz zuerkennt, weil er ihn als ersten gehört hat. So geht es reihum.

Sind auf diese Weise alle Träume erzählt, beginnt deren Bearbeitung. Und hierfür ist die ‹Hinterhandfunktion› von Bedeutung. Jeder ist nämlich dazu aufgefordert, sich nach Möglichkeit wenigstens *einen* Traum, nämlich den des links neben ihm Sitzenden, zu merken und ihn unter Mitwirkung aller Anwesenden zu bearbeiten.

Wer die Funktion der Hinterhand ausübt, kann sich von dem Träumer dazu auch dessen Traumniederschrift ausbitten.

Die Traumbearbeitung erfolgt in drei Schritten.

Als ersten Schritt erzählt ‹Hinterhand› dem Träumer dessen Traum in der Urheberform wieder. Heißt der Traum beispielsweise: ‹Es regnet›, dann lautet die Urheberform: ‹Sie lassen es in Ihrem Traum regnen!› Am Trauminhalt wird nichts verändert. Man kann ihn einfach von der Niederschrift ablesen. Es ist nur immer hinzuzusetzen: ‹Sie, lieber Träumer, haben sich dies und jenes erträumt!› Ihre Kollegen werden Sie dabei ungefragt mit Einfällen, mit Scherzen und Hinweisen unterstützen.

Der nächste Schritt besteht darin, das Gegenteil von dem Traum zu bilden. Auch dabei werden Sie durch die ganze Gruppe und durch mich unterstützt. Die Art und Weise, wie Sie an die Lösung einer solchen Aufgabe herangehen, wird Ihnen mancherlei Selbsterfahrung ermöglichen. Wenn Sie nun beispielsweise zu dem Ergebnis gekommen sind, das Gegenteil des Traumes sei: ‹Sie lassen Dürre sein!›, dann sagen Sie zu dem Träumer jenes Traumes: ‹Ihre Notlage besteht zur Zeit darin, daß Sie Trockenheit und Dürre um sich erzeugen!›

Wir gehen nämlich davon aus, daß jeder Traum seinem Träumer eine Abdriftkorrektur anbietet. Das will ich Ihnen erklären.

Gesetzt den Fall, ein Pilot kommt mit seinem Flugzeug von seinem Kurs ab, weil seine Instrumente plötzlich fehlerhaft arbeiten. So denkt er, daß er richtigen Kurs hält. In Wirklichkeit aber fliegt er 20 Grad zu weit nach links. Dann wird ihm die Bodenstation, die seinen Flug kontrolliert, Weisung geben, er müsse von seinem Start an 20 Grad mehr nach rechts halten. Wenn er diese Weisung befolgt, wird er das geplante Ziel erreichen.

Für unsere Arbeit übersetzt heißt das: Wenn jemand eine Neurose hat, ist er in der Regel auch der Meinung, auf rechtem Wege zu sein. Von ihm selbst unerkannt hat er jedoch eine Abdrift und kommt regelmäßig nicht an das von ihm erstrebte Ziel. Die Träume entsprechen der Weisung seitens seiner Bodenstation. Mit anderen Worten: Wenn der Traum heißt: ‹Steuere 20 Grad mehr nach rechts!›, dann können wir daraus die Notlage des Träumers ermitteln. Sie besteht darin, daß er 20 Grad zu weit links von seiner Lebenslinie abgekommen ist. Sein Traum

– und das ist dann die dritte Stufe der Traumbearbeitung – sein Traum gibt ihm den Wink, er solle 20 Grad mehr nach rechts steuern, um so die Mitte, sein eigentliches Ziel, zu erreichen.

Die Gruppe wird diese Schritte mit lebhaften Erörterungen und Vorschlägen begleiten, so daß Sie sich ohne Schwierigkeiten in die Lösungsschrite der Traumbearbeitung einlassen können. Die Dreistufentechnik der Traumbearbeitung wird schon bald als interessanter, sehr lebendiger und lehrreicher Teil unserer Gruppenarbeit Ihr besonderes Interesse finden. Ich gebe Ihnen noch ein Beispiel. Die links neben Ihnen sitzende Frau hat ihren Traum erzählt: ‹Mein Kind ist tödlich verunglückt!› Erster Schritt, Urheberform: ‹Im Traum lassen Sie Ihr Kind umkommen!› Zweiter Schritt, Notlage: ‹Ihre Notlage besteht darin, daß Sie sich zuviel für Ihr Kind umbringen, daß Sie sich mehr für Ihr Kind aufopfern, als es Ihnen und Ihrer Gesundheit zuträglich ist!› Dritter Schritt, Traumwink: ‹Ihr Traum gibt Ihnen den Wink, sich gegenüber dem Kind etwas mehr zu behaupten! Aus der Würzflasche ‹Kindermord› ein paar Spritzer in Ihre Lebenssuppe tun, um Ihre innere Balance herzustellen!›

Eine Hauptregel besteht darin, daß die Kontakte, die Handlungen und die Gefühlsäußerungen in den A-Gruppen in Form von Gesprächen erfolgen. Wir sagen: Alles wird verwörtert. Es ist nicht zulässig, einander zu berühren, sich zu geben oder zu nehmen. Beispiel: Es könnte jemand sagen: ‹Ich möchte Sie umarmen!› ‹Ich möchte Ihnen eine runterhauen!› oder ähnliches mehr. Dann dürfte das nur ausgesprochen, nicht aber in die Tat umgesetzt werden. Die Teilnehmer dürfen während der Sitzung essen. Das führt dazu, daß sie gebeten werden, etwas davon abzugeben. Sie können auch selbst anderen etwas anbieten. Alles das belebt unsere Arbeit, die dann noch mehr dadurch belebt wird, daß man: ‹Ja gern!› oder dergleichen antworten kann, daß jedoch nichts tatsächlich angenommen oder überreicht werden darf. Alles muß mit dem Verwörtern sein Bewenden haben. Ausnahme davon bilden die Traumniederschriften, die herumgereicht werden können, und die Regelungen der Geburtstagsfeiern.

Falls Sie Ihren Geburtstag in einer A-Gruppensitzung feiern möchten, dann können Sie die dafür geltenden Regeln von einem meiner Kurztonbänder abhören. Es hat den Titel ‹Wunschzettel›.

Es gibt auch die, allerdings nur selten genutzte Möglichkeit, die A-Gruppensitzung an anderem Ort durchzuführen. Die Voraussetzungen dazu sind, **erstens,** daß jemand einen konkreten Antrag stellt, mit der Begründung, daß er glaubt, etwas Bestimmtes nur so und nur mit Hilfe der Gruppe üben zu können;

zweitens, daß alle Teilnehmer damit einverstanden sind und jeder für eine solche Exkursion festlegt, welche konkreten Übungen er dabei durchführen will. Jeder wählt sich dazu für seine Übungsaufgabe einen Gruppenkollegen als ‹Hinterhand›, der ihn dabei betreut. Die durch eine solche Exkursion entstehenden zusätzlichen Kosten müssen bei der Antragstellung bekannt sein und müssen, da sie umzulegen sind, bei der Entscheidung bereits berücksichtigt werden.

Wenn jemand wünscht, daß eine Gruppensitzung ganz oder teilweise aufgezeichnet wird, so ist das unter der Voraussetzung, daß alle damit einverstanden sind, möglich. Die Bedingungen dafür sind im Sekretariat einzusehen.

Ein großer Unterschied zwischen einer Einzel- und einer Gruppensitzung besteht darin, daß man in der Einzelsitzung alles mitteilen soll, was einem einfällt, während man in der Gruppensitzung das Recht hat, das, was man nicht sagen will, zu verschweigen. Wenn man von einem Kollegen beispielsweise gefragt wird: ‹Was haben Sie eben gedacht?› Dann kann man antworten: ‹Darüber will ich jetzt nicht sprechen!› Man soll nicht lügen, sondern verläßlich antworten, falls man antworten will. Aber man wird nicht dazu genötigt, etwas zu äußern, was einem vielleicht gerade peinlich ist. Man soll aber nicht sagen: ‹Ich habe nichts gedacht!›, wenn man selbst weiß, daß das unehrlich wäre.

Man soll in der Gruppe nichts mitteilen, was das Inkognito eines Gruppenteilnehmers – auch das eigene – verletzen könnte, beispielsweise, wenn man dem anderen irgendwo in der Stadt begegnet ist, und daraus Schlüsse, beispielsweise auf seinen Beruf, ziehen könnte. Man soll in der Gruppe schließlich auch keine ungesühnten Straftaten offenbaren, weil man dadurch die Gruppenkollegen zu Mitwissern machen und sie folglich damit belasten würde.

Für die A-Gruppensitzungen gilt im übrigen wie für ihre ganze Behandlung hier, daß Sie viele Vorteile davon haben, wenn Sie das, was dabei äußerlich und in Ihnen vor sich geht, diskret für sich behalten.

Sie wünschen das ja auch von Ihren Gruppenkollegen. Je weniger Sie davon nach außen tragen, um so weniger verpufft von den Kräften, die Sie im Inneren bewegen werden und mit deren Hilfe Sie genesen möchten.

Ich wünsche Ihnen alles Gute! Auf Wiedersehen und auf Wiederhören!»

Wenn es bei unserem Beispiel bleibt, daß Sie es sind, lieber Leser, liebe Leserin, die nun in die Gruppe aufgenommen worden ist, dann können wir davon ausgehen, daß Sie nach den elf vorbereitenden Einzelstunden indessen drei doppelstündige Gruppensitzungen hinter sich haben, und zwar eine A-, eine B- und eine H-Gruppe.

Nun wird Ihre nächste A-Einzelsitzung stattfinden, von der hier einige typische Sequenzen als Beispiele zusammengefaßt dargestellt werden.

Aus einer vierten A-Einzelstunde

Sie beginnen mit dem Erzählen des Traumes:
Patient(in)
  P: «Ich steige von einem großen PKW in einen kleinen um. Das ist der ganze Traum. Nun soll ich ein Detail daraus nehmen: großer PKW.»
Analytiker
  A: «Groß oder PKW? Das erst wären die Details. Welches wollen Sie?»
  P: «Na schön: ich nehme groß. Zu groß fällt mir ein, daß ich nicht haben kann, wenn Leute groß tun!»
  A: «An welche Situation denken Sie?»
  P: «Ich denke an viele Situationen, in denen jemand prahlt oder angibt und sich aufbläst. Und dann ärgere ich mich darüber.»
  A: «*Wen* ärgern Sie darüber?»
  P: lacht. «Na mich, wen sonst? Ach so! Wir hatten ja verabredet, ich soll mich nicht selber beschädigen! Was kann ich da machen?»
  A: «Sie können sagen: *Das* ärgert mich! Dann können Sie überlegen, wie Sie sich trösten können. Und falls Sie – wie jetzt – feststellen, daß Sie autodestruktiv gewesen sind, dann können Sie galant sein und sich dafür um Verzeihung bitten.»
  P: schweigt. «Das fällt mir schwer. Vielleicht später.»
  A: «An welche konkrete Situation denken Sie, wo sich jemand aufgespielt hat?»
  P: «Ich habe nur ganz allgemein den Eindruck, daß mich das ärgert.»
  A: «Unsere Aufgabe besteht darin, jetzt zu konkretisieren. Wir brauchen für unsere Arbeit Ihre Einfälle, und Sie haben einen Einfall gebracht. Nun brauchen wir als Näch-

stes eine konkrete Situation, in der das anschaulich vorkommt, was Ihnen zunächst wie eine Art Überschrift eingefallen ist!»
P: «Mir fällt da mein Bruder ein, der zwei Jahre älter ist.»
A: «Eine konkrete Situation bitte!»
P: «Wir kamen von einem Kindergeburtstag nach Hause.»
A: «Wie alt sind Sie da?»
P: «Ich bin zwölf.»
A: schweigt.
P: «Ich sagte, ich bin zwölf.»
A: «Und was hat sich damals zugetragen?»
P: «Wolfgang, das ist mein Bruder, der hat zu Hause so getan, als ob er immer gewonnen hätte und als ob er der Anführer beim Spielen gewesen wäre. Aber so war es überhaupt nicht.»
A: schweigt.
P: «Dann, oh, wie furchtbar, das fällt mir jetzt wieder ein, dann hat er mich verpetzt bei meinen Eltern. Er hat verraten, daß ich meinen Kakao umgekippt habe. Das ist entsetzlich gewesen. Ich habe kein Stück Kuchen mehr gegessen und nicht mehr mit den anderen spielen wollen. Ich wäre am liebsten im Erdboden versunken. So peinlich war mir das. Und nun mußte er das auch noch zu Hause erzählen, dieser Prahlhans!»
A: schweigt.
P: «Kakao macht ja auch schlimme Flecken. So was darf einem auch wirklich nicht passieren! Denken Sie – mit 12 Jahren!»
A: «Das ist auch heute noch Ihre Meinung?»
P: «Na ja! Wenn das heute einem meiner Kinder passiert, dann mache ich natürlich kein Trara darum. Ich bin da großzügig. Das kann schließlich jedem passieren!»
A: «Wirklich?»
P: «Meinen Sie nicht?»
A: «Sie messen mit zweierlei Maß.»
P: «Das verstehe ich nicht. Ich? Wieso denn?»
A: «Sie haben gesagt, so was dürfe einem wirklich nicht passieren. Damit haben Sie *sich* gemeint. Und dann haben Sie gesagt, das könne schließlich jedem passieren. Damit haben Sie *die anderen* gemeint.»
P: schweigt.

A: «Ist das nicht zweierlei Maß?»
P: «Ich bin durcheinander. Ist es denn nicht etwas anderes, wenn es um einen selber geht? Wo käme man denn hin, wenn man sich alles durchgehen lassen wollte? Muß man nicht selbstkritisch gegen sich sein?»
A: «Um Ihnen diese Frage zu beantworten, möchte ich Ihnen eine Geschichte erzählen. Sind Sie einverstanden?»
P: «Ja, bitte!»
A: «Ein Lehrer gibt Zweitkläßlern die korrigierten Diktathefte zurück. Er geht auf Fritzchen zu, gibt ihm sein Heft und sagt: ‹Zwanzig, Fehler, sechs!› und fügt hinzu: ‹Das habe ich dir schon immer gesagt! Aus dir wird nichts! Du bist faul und dumm!›
Und nun der gleiche Vorgang mit einem anderen Lehrer. Er gibt Fritzchen das Heft und sagt: ‹Zwanzig Fehler, sechs!› und fügt hinzu: ‹Was war denn los? Das ist diesmal schiefgegangen. Wenn wir beide uns eine Stunde zusammensetzen, um diesen Stoff durchzuarbeiten, dann kannst du diese Fehler vermeiden. Na, das nächste Mal wird's wieder besser!›
Ich habe Ihnen diese Geschichte erzählt, um zu zeigen, daß die Kritik beide Male genau gleich ist. Sie heißt ‹zwanzig Fehler, sechs›. Aber der erste Lehrer benutzt die Kritik dazu, um Fritzchen abzuwerten und zu entmutigen. Der andere Lehrer benutzt dieselbe Kritik dazu, um Fritzchen aufzurichten und um ihm Hoffnung und Mut zu machen».
P: schweigt. Nach einer Weile: «Natürlich ist das mit dem ersten Lehrer schlimm und mit dem anderen richtig. Ich bin wie der erste Lehrer zu mir!»
A: «Wie also möchten Sie heute mit sich als mit dem 12jährigen Kinde sprechen?»
P: schluckt ein paar Tränen hinunter. «Mein liebes Kind! Heute sehe ich ein, es war alles mit dem Kakao halb so schlimm! Ich halte zu dir! Auch, wenn die Eltern und Wolfgang anderer Meinung sind. Ich möchte jetzt überhaupt immer zu dir halten! Verzeih mir bitte, daß ich das damals noch nicht konnte!»
A: schweigt.
P: «Mir ist wohler!»
A: «In Ihrem Traum lassen Sie sich in einem großen PKW sein und in einen kleineren umsteigen. Kann es sein, daß

Sie sich meistens klein und minderwertig vorkommen und innerlich dauernd von sich verlangen, groß und bedeutend zu sein?»
P: «Stimmt genau.»
A: «In Ihrem Traum geben Sie sich den erholsamen Wink, von dem hohen Roß Ihrer Ansprüche herunterzusteigen und sich dem Kleinen in Ihnen zu widmen und zu genießen, daß Sie auch in unscheinbarer Montur ein liebenswerter Mensch sind.»
P: «Der Gedanke tut mir gut. Und Wolfgang übrigens, das wollte ich noch sagen, hat sich mit seinem Großtun in Wirklichkeit keine Freunde gemacht. Er ist, das habe ich noch nie so deutlich erkannt, er ist eigentlich ein einsamer Mensch geworden. Na ja. Ich natürlich sowieso auch.»
A: «Vorsicht! Vorsicht! Wenn Sie sagen: natürlich sowieso, dann klingt das in meinen Ohren wieder wie der erste Lehrer in unserer Geschichte.»
P: «Nein. Ich meine das ganz anders, nämlich...»
A: unterbricht. «Das ist ja toll, wie prompt und energisch Sie nein sagen und Ihre Meinung vertreten. Das gibt uns Hoffnung! Bei dieser Gelegenheit kann ich Ihnen für unsere Arbeit einen Tip geben. Grundsätzlich gilt zwischen uns: Alles, was von meinen Vermutungen und Deutungen in Ihnen nicht klingt, das gilt als nicht gesprochen. Nur das, was anklingt, wird weiter von uns bearbeitet. Ging meine Warnung eben ins Leere, dann löschen wir sie sozusagen sofort.»
P: «Einverstanden.»
A: «Möchten Sie noch etwas über Ihre Gruppe zur Sprache bringen?»
P: «Ja. Eine Teilnehmerin hat mir vorgehalten, ich würde gern aus einer Mücke einen Elefanten machen. Das hat mich verletzt.»
A: «Sie wären also wie Wolfgang?»
P: «Wieso?»
A: «Sagten Sie nicht, daß er Kleinigkeiten aufplustert und sich großtut wegen nichts?»
P: schweigt. Ist unruhig.
A: «In Ihrem Traum machen Sie aus groß klein. Und in Ihrem Alltag haben Sie kleine Sachen, wie das Umkippen einer Kakaotasse, für sich zu einem großen Unglück gemacht.

Sind Sie nicht gerade dabei, die Elefanten, mit denen Sie sich bisher immer eingeschüchtert haben, in harmlose Mücken umzuwandeln?»
P: schneuzt sich die Nase.
A: «Können Sie ja zu sich sagen, so wie Sie sind?»
P: «Ich will es versuchen. Aber das ist schwer. Ich danke Ihnen.»
A: «Ihre nächste Gruppensitzung wird eine R-Sitzung sein. Dazu gibt es wieder ein Einführungstonband zu hören. Und kommenden Mittwoch ist dann Ihre erste D-Sitzung. Da treffen sich – wie am schwarzen Brett bekanntgegeben – alle z. Z. bei mir mit analytischer Psychotherapie behandelten Patienten in einem Vortragssaal. Wer irgendeine Frage diskutiert haben möchte, schreibt sie auf einen Zettel und gibt ihn im Sekretariat ab. Wer die Diskussion leiten möchte, teilt das gleichfalls mit.
Haben Sie dazu noch Fragen?»
P: «Nein.»
A: «Auf Wiedersehen!»
P: «Auf Wiedersehen!»

Das Einführungstonband für R-Gruppensitzungen

«Herzliche Begrüßung!
Die R-Sitzung, von der hier die Rede ist, hat ihre Bezeichnung vom Rollenspiel. Viele meinen auch, das R sollte Ratssitzung bedeuten. Es handelt sich um eine Behandlungssitzung, bei der der Analytiker im Gruppenraum nicht mit anwesend ist. Die Erfahrungen mit vielerlei Arten von Gruppenarbeit haben gezeigt, daß seitens der Gruppenteilnehmer regelmäßig eine starke Neigung besteht, nach einer Sitzung in eine Gaststätte zu gehen, um in Abwesenheit des Gruppenleiters miteinander zu plaudern und sich näherzukommen. Das würde jedoch den für die Psychoanalyse erwünschten Entwicklungsprozeß verschlechtern, weil hierbei vieles abreagiert, man sagt ‹agiert› wird, was in die therapeutische Arbeit gehört. Aufgrund der zwischen uns vereinbarten Grundkonstitution, derzufolge Agmap-Teilnehmer auf jeglichen Umgang miteinander außerhalb der Gruppensitzungen verzichten, kommen solche Gruppenstammtische für Sie nicht in Betracht. Um dem erwähnten Kontaktbedürfnis in geeigneter Weise abzuhelfen, habe ich die R-Gruppensitzung in die Agmap aufgenommen.

Die R-Sitzung gibt den Gruppenteilnehmern die Möglichkeit, in einem dafür hergerichteten Praxisraum in dem vereinbarten zeitlichen Rahmen und unter dem Schutz der Grundkonstitution ‹unter sich› zu sein.

Hier ist sichergestellt, daß der Therapeut sich nicht in die Gespräche einmischt und daß man folglich nicht mit den manchmal schmerzlichen Deutungen rechnen muß, mit denen die Neurose bloßgestellt wird. Man ist – wie gesagt – unter sich. Gerade das ist es, was alle Beteiligten sich immer wieder wünschen.

Der Umstand, daß der Analytiker der Sitzung über seinen Fernsehmonitor beiwohnt, ist jedem bekannt, wird aber rasch vergessen und stört nicht, wie sich herausgestellt hat.

Reihum verfaßt jeweils ein Teilnehmer ein Stichwortprotokoll. Wenn sich offene Fragen ergeben, werden sie für die D-Sitzung aufgeschrieben und dort gemeinsam erörtert.

Heute möchte ich Sie im Hinblick auf die erwähnten Bedürfnisse der Teilnehmer, ‹unter sich› zu sein, mit dem Sachverhalt vertraut machen, daß ein Analysepatient seinen Analytiker nur zu einem Teil als Verbündeten erleben kann. Wenn man hierbei an den Zahnarzt erinnert, wissen viele sofort, was damit gemeint ist. Auf der einen Seite fühlt man sich vernünftigerweise mit ihm verbündet, auf der anderen Seite fürchtet man ihn und versucht, ihm zu entgehen, weil seine von uns gewünschte Tätigkeit für uns nicht selten mit Schmerzen verbunden ist. Wenn wir eine Zahnkaries haben, dann wollen wir sie zwar los sein, weil sie uns bedroht; dennoch kommt es vor, daß wir uns mit ihr identifizieren, beispielsweise wenn wir zögern, den Mund weit aufzumachen, um so den Zahnarzt daran zu hindern, uns unsere Karies zügig zu beseitigen.

In diesem Zusammenhang wird von Widerstand und von Abwehr gesprochen. Genau genommen handelt es sich um das, was wir als Trägheit, als Beharrungstendenz aus der Physik kennen. Alles setzt jeglicher Änderung Widerstand entgegen. Gleichgültig, ob ich ein Auto mit hoher Geschwindigkeit abbremsen oder um eine Ecke lenken oder ob ich mein gewohntes Verhalten ändern will. Jede Umgewöhnung, Umerziehung, Umwandlung gibt sich durch auftretende Widerstände zu erkennen. Zeigt sich keinerlei Abwehr, so muß man daran zweifeln, daß überhaupt Änderungen im Gange sind.

Da nun die Psychoanalyse ein Verfahren ist, das auf Änderungen abzielt, müssen wir mit dem Auftauchen von Widerständen rechnen. Sie sind für uns das erfreuliche Signal dafür, daß Änderungen im Gange sind. Es ist demnach nur natürlich, wenn auch Agmap-Patienten sich darauf freuen, wenigstens einmal im Monat ohne ihren eben doch auch gefürchteten Analytiker zu tagen.

Im übrigen empfiehlt es sich, daß Sie auf widerstrebende Gefühle besonders achten und sie immer möglichst gleich zur Sprache bringen.

Ein anderer Punkt ist der, daß jeder Gruppenteilnehmer versuchen soll, seine Gruppe zu ‹seiner› Gruppe zu machen. Dazu gehört es, daß Sie selbst sich immer wieder einmal zum Träger der gegen die Neurose gerichteten Aktionen und zum Sprecher der Gruppe machen, damit die Neurose von allen

Beteiligten ‹unter ihre Füße genommen› wird. Gerade in der R-Sitzung können Sie Ihre Fähigkeiten, selbst Leiter zu sein, entwickeln und üben.

Schließlich ist das Üben eine Hauptsache, von der der Erfolg der Therapie zu einem großen Teil abhängt.

Ich erinnere Sie an die von uns besprochenen drei Dimensionen unserer Arbeit. Es geht *zum einen* um das Erkennen dessen, was verdrängt war, und um das Erkennen vieler Sachverhalte, die Ihnen bis dahin infolge der Neurose unzugänglich gewesen sind. Hierfür stehen Ihnen zusätzlich eine Reihe von informativen Kurztonbändern zur Verfügung, deren Inhalt als Ergänzung und Erläuterung gedacht ist zu dem, was wir miteinander in Gruppen- und Einzelsitzungen besprechen. Ich empfehle Ihnen, möglichst alle vierzehn Tage ein solches Band abzuhören. Die Laufzeit beträgt etwa 10–15 Minuten.

Zum anderen geht es um das Bewerten von Situationen und Vorgängen. Infolge der Neurose ist das Wertgefüge oft tiefgreifend durch Vorurteile entstellt, so daß eine laufende Realitätsprüfung Korrekturen erfordert.

Zum *dritten* geht es um das Handeln, dessen Änderungen eingeübt werden müssen. Das ist zu vergleichen mit jemandem, der beim Klavierspielen einen anderen Fingersatz wählen will, oder mit jemandem, der beim Schreibmaschine schreiben vom Zweifingersystem umsteigen will auf das Zehnfingersystem. Diese Änderungen sind nicht leicht zu vollziehen. Sie bringen Krisen mit sich und bewirken, daß man vorübergehend schlechter Klavier spielen und schlechter Schreibmaschine schreiben kann als zuvor. Jedenfalls wird daraus ersichtlich, daß das A und O eines günstigen Behandlungsverlaufes davon abhängt, wie häufig und wie intensiv Sie üben!

Aus jeder A-Einzel- und A-Gruppensitzung erhalten Sie einen Traumwink, d. h. einen aus Ihren eigenen Träumen entnommenen Hinweis auf das, was Sie üben sollten. Ihre Behandlung wird auf diese Weise von Ihnen selbst – und nicht von mir! – gesteuert. Die Instanz in Ihnen, die Ihre Träume hervorbringt, leitet unsere gemeinsame Arbeit, während ich dabei nur eine Art von Dolmetschertätigkeit zu verrichten habe, um Ihnen verständlich zu machen, was Sie sich und mir in Ihrer Traumsprache mitteilen.

Nun sind die R-Sitzungen ein besonders günstiges Übungsfeld! Nutzen Sie die damit gegebenen Möglichkeiten,

Ihre Traumwinke nochmals zu nennen und dann ausdrücklich mit Hilfe der Gruppe zu üben. Der eine ist vielleicht gerade dabei, das Neinsagen zu üben, der andere will seine Wünsche äußern und ein dritter übt sich in der Technik, seine Bitten ebenso höflich wie bestimmt zu formulieren.

Das besondere an der R-Sitzung ist das Rollenspiel. Der Arbeitsraum ist mit einer kleinen podestartigen Bühne ausgestattet. Die Regeln für das Rollenspiel sind ganz einfach. Wenn die Teilnehmer miteinander plaudern, werden Erlebnisse erzählt, ohne dabei das Inkognito zu verletzen. Beispielsweise sagt eine Teilnehmerin, sie habe bei ihrem Chef vorgesprochen und um einen Tag Sonderurlaub gebeten. Er habe das schroff abgelehnt. Sie erzählt: ‹Er hat mich gefragt: ‹Was wollen Sie?› Ich habe mit leiser Stimme meine Bitte vorgetragen. Darauf hat er gesagt: ‹Das ist jetzt ganz ausgeschlossen!› ›

Es handelt sich hierbei um eine Abfolge, um eine sogenannte Sequenz von drei Sätzen: *Er* hat gesagt; *ich* habe geantwortet, und *er* hat mir geantwortet: Das ist ein aus drei Sätzen bestehendes Gespräch. Sobald eine solche Sequenz vorkommt, klatscht ein Gruppenteilnehmer, der das bemerkt hat, in die Hände und ruft: ‹Spielen!› Damit ist er für das nun bevorstehende Dreisatz-Rollenspiel der Spielleiter. Er läßt die Erzählerin das Gesagte mit einem Gruppenkollegen vorspielen. Da es sich nur um die drei Sätze handelt, braucht man keine Aufwärmphase. Es gibt praktisch keine Schwierigkeiten. Macht die Erzählerin nun vor, wie sie sich tatsächlich verhalten hat, und weist sie den Spielpartner ein, sich gerade so zu verhalten, wie es der Chef gemacht hat, dann wird bereits vieles von etwa bestehenden Gehemmtheiten sichtbar.

Rollentausch, Diskussion und Darstellung der Szene durch andere Mitglieder der Gruppe ergeben weitere Möglichkeiten für neue Erkenntnisse, für Realitätsprüfung und Kontrolle wirksamer ‹Trugwertungen› (Margarete Eberhardt) und vor allem für das Einüben eines gesünderen Verhaltens. Sobald im weiteren Gespräch neue Dreisatzabfolgen auftauchen, klatscht wieder jemand, der nun seinerseits zum Spielleiter wird und das nächste Rollenspiel inszeniert. Abschließend weise ich noch darauf hin, daß aus abrechnungstechnischen Gründen die R- und die D-Sitzung eines Monats zusammen als *eine* Sitzung berechnet werden. Und nun wie immer viel Freude.

Auf Wiederhören!»

Zwischenbemerkung

Liebe Leserin, lieber Leser! Mit der Niederschrift des Einführungstonbandes für R-Gruppensitzungen beende ich unser Beispiel, daß Sie es sind, der diese Schritte selbst durchläuft und der sich nun besser einfühlen kann in das, was Agmap ist und welche intensiven Möglichkeiten dieses Verfahren für die psychoanalytische Arbeit erschließt. Ich vertraue Ihrer Phantasie, daß Sie sich selbst anschaulich machen, was sich nicht drucken läßt: Die lebendige Atmosphäre der Gruppensitzungen, in denen Übertragung und Widerstand sich multilateral auffächern, in denen die Rollen sich ständig abwechseln. Mal ist der eine, gruppendynamisch gesprochen, als Träger der Aktion der Alpha, ein anderer der als Beta bezeichnete sachverständige Berater des Alpha, ein dritter der die Opposition verkörpernde Omega und wenig später ist es vielleicht gerade umgekehrt. Der Teilnehmer, der jetzt als «Hinterhand» den Traum seines linken Nachbarn bearbeitet, ist kurze Zeit später selbst derjenige, dessen Traum bearbeitet wird.
Wer zu seinen Problemen gerade einen guten verbalen Zugang hat, der kann sich in einer solchen Phase besonders gut in den verbalanalytischen Sitzungen entwickeln. Ein anderer braucht stellvertretend für seine ihm problematischen Gegner Lehmbrei, um daran seine gehemmten Emotionen auszulassen und sich damit Spielraum zu verschaffen. Ein dritter ist vielleicht gerade dabei, seinen Körper und seine Sinne neu zu erfahren, um auf diese Weise anwesender zu werden. So wird mal dieser, mal jener Zugang gewählt, um die Neurose ‹unter die Füße zu kriegen›, gehemmte Antriebsanteile zu befreien und verdrängt Gewesenes neu zu erarbeiten und einzubeziehen in das Jetzt und Hier. Je mehr dies gelingt, um so mehr wirkt die Agmap als Katalysator: Dann ist ‹die Therapie› nicht

Existenzform und nicht Selbstzweck, an der die Patienten wie an einer neu gefundenen Heimat hängen bleiben würden.

Entscheidend ist die Erfahrung, daß die Behandlungsdauer relativ kürzer und das Indikationsspektrum breiter ist, und daß die Patienten nach ihrem Ausscheiden keine Kontakte mit Gruppenkollegen eingehen. Sie bringen die neu integrierte Lebendigkeit in ihren eigenen häuslichen und beruflichen Lebensraum ein. Sie ziehen ihres Weges, sind – flügge geworden – auf und davon.

Das alles läßt sich hier nur andeuten. In Wirklichkeit hätte das Gruppenmitglied, das seine erste D- und R-Sitzung hinter sich hat, schon eine ganze Portion Therapie durchgemacht, im Vis-à-vis der Gruppenarbeit und der B- und H-Einzelstunden, sowie auf der Couch in den A-Einzelstunden. Jenes Gruppenmitglied hätte schon Übung darin, seine Autodestruktionen zu erkennen, vielleicht sie hier und da sogar schon zu vermeiden, hätte schon Übung darin, sich selbst ein wenig galanter zu begegnen und sich hier und da ein bißchen mehr anzusehen so, wie es eben ist.

Es gäbe noch weitere Formblätter zu erwähnen: Einladungen an ausgeschiedene Patienten zu den D-Sitzungen, Aufträge für Tonbandmitschnitte von A-Gruppensitzungen, Versetzungen in eine andere Gruppe, Verordnung von Nachholterminen für versäumte Gruppensitzungen und noch manches mehr. Davon nehme ich Abstand. Statt dessen füge ich noch die Niederschriften der als zusätzliche Information gedachten Kurztonbänder an. Sie wurden von den Agmap-Patienten im Laufe eines Jahres nebenher abgehört.

Niederschriften der Kurztonbänder

«Stuhl und Decke I»

Dies ist das Band «Stuhl und Decke», erster Teil. Ich begrüße Sie und habe Ihnen einen zusätzlichen Stuhl mit einer Decke bereitgestellt.

Die Geschichte von «Stuhl und Decke» handelt davon, wie wir uns das Entstehen von Gehemmtheiten, von seelischen Störungen und Krankheiten und schließlich auch deren Behandlung vorstellen können.

Die als «Stuhl und Decke» bezeichnete Geschichte besteht aus 4 Teilen. Der erste Teil handelt von der Hundedressur. Der zweite Teil handelt davon, wie bei einem bisher gesunden Tier eine seelisch bedingte Funktionsstörung herbeigeführt werden kann. Der dritte Teil handelt von den Träumen, und der vierte Teil schließlich handelt davon, wie man sich die Gesundung und den Heilungsweg vorstellen kann.

Jedesmal, wenn Sie hierher kommen, um sich ein Band anzuhören, dann denken Sie daran, es sich recht behaglich zu machen. Lassen Sie innerlich los. Legen Sie sich zurück. Lassen Sie die Schultern und die Bauchdecken los. Lassen Sie die Kniekehlen los und den ganzen Rücken, ja, lassen Sie eine Welle des Loslassens durch den ganzen Körper gehen, durch die Wangen, die Ohren, die Lippen, auch durch die Zungenspitze, so daß Sie das Gefühl haben, der ganze Körper ruht behaglich aus. Um Ihnen das zu erleichtern, hören Sie sich zunächst die Musik an, die ich für Sie eingespielt habe. (Es folgt wie zu Beginn und Schluß vieler dieser Kurztonbänder für ca. 2–3 Minuten eine Einlage von klassischer Musik.)

Nun also zu unserer Geschichte «Stuhl und Decke», erster Teil.

Denken Sie sich, wir beide besäßen einen Hundezwinger und man hätte uns die Aufgabe gestellt, einen Hund als Wachhund für eine ländliche Schlachterei abzurichten. Unsere Aufgabe besteht darin, diesen Hund so zu dressieren, daß er später durch den Laden seines Herrn geht, ohne dort die Würste, den Schinken oder das Gehackte zu fressen. Er soll sich dann so verhalten, als ob das alles nicht freßbar sei. Er soll nur das fressen, was sich im Futternapf befindet. Wie machen wir das?

Ich schlage vor, wir denken uns, daß sich das Ganze in diesem Raum abspielt. Wir haben hier auf den Tisch ein Stück Fleisch gelegt. Der noch undressierte Hund befindet sich vor der verschlossenen Tür. Wir werden jetzt die Tür öffnen. Dann erlebt der Hund das, was wir Witterung nennen, als ‹das ist freßbar, das schmeckt gut, das macht satt›. Und dann, happ, happ, happ, weg ist das Fleisch!

Was machen wir nun? Wir wollen erreichen, daß der Hund das Fleisch, das da liegt, nicht frißt, sondern nur das, was wir ihm im Futternapf vorsetzen.

Sobald der Hund das verbotene Fleisch frißt, bereiten wir ihm Unlustgefühle, sei es, daß wir ihn schlagen oder nur mit ihm schimpfen. Wir bereiten ihm jedenfalls intensive Unlustgefühle.

Einen Tag später wiederholen wir die ganze Geschichte. Wieder liegt hier ein Stück Fleisch, wieder öffnen wir die Tür und wieder stürzt der junge Hund herein. Was erlebt er? Er wittert das Fleisch und frißt es wieder. Aber frißt er es mit dem gleichen Appetit wie gestern? Nein. Er gibt deutlich zu erkennen, daß er ein schlechtes Gewissen hat. Zu dem Erlebnis ‹Das ist freßbar, das schmeckt gut, das macht satt›, ist etwas weiteres hinzugekommen, nämlich ein Unlustgefühl, die Erinnerung an etwas Bedrohliches. Nennen wir es mal einfach ‹tut weh›. Der Hund erlebt also: freßbar, schmeckt gut, macht satt, tut weh.

Die Witterung des Fleisches weckt in ihm lustvolle Gefühle zugleich mit einem bitteren Nachgeschmack.

Nun wiederholen wir den Vorgang einfach so lange, bis das ‹tut weh› an die erste Stelle rückt. Jeden Tag, wenn der Hund das Fleisch frißt, verstärken wir seine Unlustgefühle, die von uns mit diesem Vorgang verknüpft werden, so daß dann allmählich das ‹tut weh› immer weiter nach vorne rückt. Dann heißt es: ‹freßbar, schmeckt gut, macht satt, tut weh. Freßbar, schmeckt gut, tut weh, macht satt. Freßbar, tut weh, schmeckt gut, macht satt.

Tut weh!, freßbar, schmeckt gut, macht satt›.

Wenn der Hund jetzt wieder zur Tür hereinkommt, dann wittert er zwar noch immer das Fleisch. Daran hat sich noch nichts geändert. Aber was löst diese Witterung nun in ihm aus? Unlustgefühle! Er mag das Fleisch nicht mehr fressen.

Der Hund wandert nun in dem Raum umher. Er wird ständig von dieser Witterung beunruhigt. Sie ist allgegenwärtig im ganzen Raum. Ob der Hund unter das Bett kriecht oder ob er auf den Schrank springt, ob er sich hinter dem Schreibtisch verkriecht, wo auch immer der Hund sich aufhält, ob er sich hinlegt und schlafen will oder ob er herumspielt, überall löst diese Witterung in ihm Angst aus. ‹Tut weh!, freßbar, schmeckt gut, macht satt. Tut weh!, freßbar, schmeckt gut, macht satt›.

Jetzt könnten Sie und ich einfach spazierengehen und den Hund in dieser Situation allein lassen, denn den letzten Teil der geplanten Dressurarbeit vollzieht die Natur ganz von selbst.

Was passiert? Wie uns die Erfahrung lehrt, können Lebewesen Angst auf die Dauer nicht durchhalten. Plötzlich brennt so etwas wie eine Sicherung durch. Irgendwann kommt ganz deutlich merkbar der Augenblick, an dem das vorher Beängstigende scheinbar völlig gleichgültig wird.

Und so ist es auch bei unserem Hund hier. Der Hund wird noch eine ganze Weile in diesem Raum herumstreifen mit eingekniffenem Schwanz, so wie Hunde es tun, wenn sie ein schlechtes Gewissen haben. Er wird vielleicht jaulen. Und dann plötzlich wird er die Witterung für das Stück Fleisch nicht mehr wahrnehmen.

Mit dem ‹tut weh!›, wird auch das ‹freßbar, schmeckt gut, macht satt!› aus dem Erleben verdrängt sein.

In dem Erleben unseres Hundes ist eine Lücke entstanden und genau damit ist die Dressuraufgabe gelöst.

Stellen wir uns den ganzen Vorgang noch einmal bildlich vor wie auf einer Bühne. Denken Sie, dieser Raum hier sei die Erlebniswelt des Hundes. Der Stuhl, den ich dort zugleich mit einer Wolldecke für Sie bereitgestellt habe, würde gerade dem Bedürfnis entsprechen, jenes Stück Fleisch zu verspeisen. Was haben wir nun gemacht? Wir haben dieses Bedürfnis zugedeckt mit einer Decke von Angst- und Schuldgefühlen, wie man das nennt. Am besten ist, Sie tun das gleich einmal selbst.

Legen Sie die Decke auseinander und breiten Sie sie so über dem Stuhl aus, daß eine Armlehne und ein Teil der Rückenlehne frei bleiben. Nun stellen wir uns vor, Stuhl und Decke verschwinden in der Versenkung. Dann ist dadurch an jener Stelle der Bühne eine Lücke entstanden. Unten im Keller, unter diesem Raum, da könnte man dieses Stück Inventar, diesen Stuhl mit seiner Decke, die halbwegs darüber ausgebreitet ist, vorfinden.

Sie können schon jetzt die Frage beantworten, was zuerst auftauchen wird, wenn es möglich werden sollte, dieses verdrängte Gebilde wieder in das Bewußtsein zu heben? Der Stuhl oder die darüberliegende Decke? Sie brauchen es sich nur einfach anzusehen.

Was liegt zuoberst? Wenn das ganze Gebilde wieder hochkommt, was erreicht diesen Raum als erstes?

Wenn Sie die Decke richtig über die Lehne geworfen haben, dann sehen Sie sofort, daß das erste, was auftauchen wird, die Decke ist.

Ich erzähle Ihnen das deshalb so ausführlich, weil dieser Sachverhalt gern vergessen und gern umgekehrt berichtet wird.

Das erste, was auftaucht, ist nicht das Bedürfnis, sondern das erste, was aus dem Zustand des Gehemmtseins wieder auftaucht, sind Unlust-, Angst -und Schuldgefühle.

Zunächst ist nicht zu erkennen, was für ein Bedürfnis sich dahinter verbirgt.

So, das wär's für heute. Auf Wiederhören!

«Stuhl und Decke II»

Dies ist das Band «Stuhl und Decke», zweiter Teil.
 Denken Sie wieder daran, es sich behaglich zu machen!
 Im ersten Teil haben wir uns damit beschäftigt, wie ein Hund so abgerichtet werden kann, daß er die Schinken, Würste, Braten und was es noch alles in einem ländlichen Schlachterladen gibt, nicht mehr als freßbar bemerkt, sondern daß er sich auf das beschränkt, was für ihn im Futternapf zubereitet ist.
 Wir haben gesehen, wie ein bestimmtes Bedürfnis mit Angst- und Schuldgefühlen zugedeckt wird, durch einen Akt, den man Dressur nennt.
 In diesem zweiten Teil wollen wir nun näher miteinander anschauen, was geschieht, wenn wir das in der Versenkung verschwundene Gebilde «Stuhl und Decke» wieder zum Auftauchen zwingen.
 Wir befinden uns mit dem dressierten Hund in diesem Raum. Auf dem Tisch liegt ein Stück Fleisch. Unser Hund kümmert sich nicht darum. Er liegt ruhig ausgestreckt und schnappt vielleicht nach einigen Fliegen, die ihm um die Ohren summen. Draußen vor der Tür befindet sich ein noch undressierter Hund.
 Um Ihnen verständlich zu machen, was jetzt geschehen soll, muß ich Ihnen zunächst erklären, was unter der Konsonanz der Affekte und unter Futterneid zu verstehen ist.
 Sie haben sicher schon einmal das merkwürdige Phänomen erlebt, daß in Ihrer Nähe jemand anfing zu essen und es nicht lange dauerte, bis Ihnen «das Wasser im Munde zusammenlief».
 Wir erklingen mit bei allem, was wir erleben. Das geht so weit, daß wir bei allem, was wir wahrnehmen und erleben, in unserem ganzen Körper entsprechende Spannungen erzeugen, die mit den Wahrnehmungen und mit dem Erleben einhergehen.

Es kommt zwar vor, daß wir Bilder anschauen, ohne sie eigentlich zu erfassen. Wenn wir aber das, was auf einem Bild dargestellt ist, erfassen, dann entstehen gleichzeitig damit in unserem Organismus gewisse Spannungen.

Ich will Ihnen ein von Scheminsky, Wien, stammendes Beispiel nennen.

Bei einer wissenschaftlichen Untersuchung hat man mit einer Reihe von Versuchspersonen vereinbart, daß diese sich ganz entspannt auf Liegestühle hinlegen. Gleichzeitig hat man an ihre Arme und Beine Elektroden angelegt, um auftretende Muskelaktionsströme aufzuzeichnen, so wie Sie das vielleicht vom Elekrokardiogramm her kennen. Und dann hat man diesen Versuchspersonen auf einer Leinwand in einem bestimmten Sekundenabstand Diapositive gezeigt. Gleichzeitig wurden die Muskelaktionsströme registriert, so daß man genau feststellen konnte, bei welchem Bild welche Impulse ausgelöst wurden.

Das Ergebnis war folgendes:

Eines der Bilder zeigte ein springendes Pferd. Während dieses Bild gezeigt wurde, traten bei fast allen in den entsprechenden Muskelgruppen, die das Pferd für seinen Sprung betätigt hat, Muskelaktionsströme auf.

Nur eine kleine Anzahl von Versuchspersonen ließ diesen Befund vermissen. Und als man sie bat, sie sollten aufzählen, was für Bilder gezeigt wurden, da stellte sich heraus, daß sie das Bild des springenden Pferdes nicht erwähnten. Sie hatten das Bild zwar vielleicht gesehen, aber sich nicht vergegenwärtigt, was darauf dargestellt worden war. Sie haben den Sprung des Pferdes sozusagen nicht miterlebt. Das Erlebnis eines solchen Bildes bewirkt, daß gleichzeitig im eigenen Körper die entsprechenden Impulse anklingen. Das nun nennt man einerseits «Konsonanz der Affekte» oder auch «Ideoplasie».

Das andere Phänomen, von dem die Rede sein soll, ist der Futterneid.

Wenn ein Hund seinen Futternapf nicht leergefressen hat, und er sich dann satt daneben legt, um zu schlafen, dann läßt er dennoch nicht zu, daß ein zweiter Hund, der vorbeikommt, den Rest verzehrt.

Wenn ein zweiter Hund sich über den Rest hermachen wollte, dann würde der erste Hund ihn wegbeißen und, obgleich er gesättigt ist, den Rest selber fressen. Sollte er, weil er dann zu vollgefressen ist, das Gefressene wieder ausspeien, dann würde er, wenn ein anderer Hund sich nähert, auch das Erbrochene wieder fressen und nicht zulassen, daß es ein anderer Hund ihm wegnimmt.

Wenn ein anderer Hund kommt und anfängt zu fressen, dann löst dieser Vorgang in unserem ersten Hund ebenfalls Freßlust aus, und er erlebt den anderen als Rivalen.

Gestützt auf diese Erkenntnis, daß der Freßtrieb und der Futterneid eng aneinandergekoppelt sind, werden wir jetzt mit unserem dressierten Hund einen Versuch machen.

Er liegt, wie gesagt, in unserer Stube und schnappt nach Fliegen. Aber nun öffnen wir die Tür und lassen den undressierten zweiten Hund herein. Er wittert sofort das Fleisch: ‹freßbar, schmeckt gut, macht satt› und beginnt, das Fleisch zu fressen.

Was passiert jetzt mit dem ersten Hund? Was meinen Sie? Sie meinen, er frißt auch? Na, lassen Sie uns nachdenken. Wir haben gesagt, das Erlebnis, daß dieses Stück Fleisch freßbar ist, das ist in unserem ersten Hund gar nicht mehr verfügbar. Es ist verdrängt. Es befindet sich wie jener Stuhl, der mit der Decke zugedeckt war, in der Versenkung. Auf diesem Bedürfnis liegt die Decke, die in unserem Beispiel Angst- und Schuldgefühle darstellt. Was passiert jetzt, was geht denn in dem Hund nun vor?

Der zweite Hund ist unabhängig von unserer Dressur. Mit seinem Schmatzen zwingt er den ersten Hund zu erleben, daß es da etwas Freßbares gibt.

Die normale Reaktion des ersten Hundes wäre, den anderen Hund wegzubeißen und das Fleisch selber zu fressen. Aber der erste Hund ist nicht normal, sondern dressiert. Nun müßte zunächst das in der Versenkung verschwundene Gebilde wieder auftauchen.

Tatsächlich erreichen wir das, indem wir unseren ersten Hund mit Hilfe des Futterneides zwingen zu erleben, daß es dort Freßbares gibt: Freßbar, schmeckt gut, macht satt! Aber nein, so hieß es ja nicht mehr, sondern: Tut weh!, freßbar, schmeckt gut, macht satt!

Auf diesem Teil des Freßtriebes liegt Angst. Was wird er also tun?

Das ist im einzelnen durchaus verschieden. Es fragt sich, zu welcher Rasse der Hund gehört, wie gut gelungen die Dressur ist, ob sie tief oder weniger tief verankert ist, ob die

Decke den ganzen Stuhl bedeckt oder nur halb. Alles ist möglich. In jedem Fall wird der Verlauf unterschiedlich sein.

In der Regel wird etwa folgendes geschehen: Der Hund wird einen Ansatz machen, den anderen wegzubeißen und selbst zu fressen. Während er diesen Ansatz macht, wird er plötzlich innehalten, den Schwanz einkneifen und einen Angstzustand bekommen. Er wird sich um sich selbst drehen, jaulen, wird angelaufen kommen und Pfote geben. Aber dann wird er wieder merken, daß der andere frißt. Deshalb wird er einen zweiten Angriff starten. Das wird sich ein paarmal wiederholen. Immer wieder wird er einen Ansatz machen, auf den anderen loszugehen, um selbst zu fressen. Und dann wird er wieder einen Angstanfall bekommen und wird seinen Angriff abbrechen. Aber während er sich abwendet, wird die Angst nachlassen. Daraufhin wird er einen neuen Anlauf nehmen, und die Angst wird wieder auftreten. Würde ein solches Tier einige Tage später getötet, könnte man bei ihm ein akutes Magengeschwür finden.

Daraus folgt, daß Verdrängungen und die ihnen entsprechenden Gehemmtheiten zu Erkrankungen führen können, nämlich dann, wenn die Betreffenden in eine Situation geraten, in der sie genau das tun müssen, was sie wegen ihrer speziellen Gehemmtheit nicht tun können.

Soviel für heute! Auf Wiederhören!

«Stuhl und Decke III»

Guten Tag!
Nun kommt von der Geschichte «Stuhl und Decke» der dritte Teil. Und zwar handelt auch dieses Band von Dressur und außerdem von den Träumen.

Ich bitte Sie, daß Sie sich dort den Stuhl mitsamt der Decke wie beim ersten Mal zurecht machen. Falten Sie die Decke wieder auseinander und legen Sie sie bitte so über den Stuhl, daß die Sitzfläche ganz davon bedeckt ist und die Rückenlehne nur zum Teil. Es genügt, wenn ein Stückchen von der Lehne herausguckt. Alles andere decken Sie bitte mit der Decke zu.

So, und nun machen Sie es sich wieder bequem.

Stellen Sie sich einmal vor, wie es wohl in einem Erlebensbereich aussieht, aus dem Teile des Inventars, ich meine damit einzelne Bedürfnisse, verdrängt worden und also in der Versenkung verschwunden sind.

Bei unserem Hund ist an jener Stelle, wo – bildlich ausgedrückt – der Stuhl mit der Decke gestanden hat, eine Lücke aufgetreten. Ein Stück Inventar aus seinem Erlebensbereich fehlt. Nun malen Sie sich bitte aus, daß es uns allen ähnlich ergangen ist, weil wir alle bei uns selbst Verdrängungen erzeugt haben, einer mehr, ein anderer weniger.

Das hängt auch mit dem Unterschied zwischen Erziehung und Dressur zusammen. Unter Erziehung wird hier die Eingewöhnung von Verhaltensweisen verstanden, die aufgrund eigener Einsichten bejaht worden sind.

Unter Dressur dagegen wird die Eingewöhnung von Verhaltensweisen ohne Mitwirkung der Einsicht verstanden. Es zeigt sich, daß vieles, was man bei uns so schön Erziehung nennt, besser als Dressur bezeichnet würde. Wenn wir mit Beginn des zweiten Lebensjahres zur Sauberkeit angehalten werden – und was ist doch manche Mutter stolz, daß ihr Kind schon mit 6 Monaten sauber gewesen ist –, dann sind wir noch nicht imstande einzusehen, warum wir da etwas ins Töpfchen hergeben müssen, und warum dann die Mutter entweder mit einem freudestrahlenden oder naserümpfenden Gesicht triumphierend davoneilt und irgendwo verschwindet, wohin wir noch nicht nachfolgen können.

Wir können das Warum noch nicht verstehen. Wir werden insoweit also nicht erzogen, das heißt, es wird nicht an unsere Einsicht appelliert, etwa daß es doch viel besser ist, das Bettchen und die Windeln und die Wäsche sauber zu lassen und lieber das Klo zu benutzen, sondern wir werden kurzerhand daran gewöhnt.

Dies und jenes *muß* geschehen, dann sind wir angenommen, dann werden wir geliebt. Und wenn wir nicht so handeln, wie wir sollen, dann merken wir sehr bald, daß man mit uns nicht zufrieden ist.

Beim Tier nennt man so etwas Dressur. Es ist aber, wie gesagt, auch in unserer Kindheit nicht viel anders gewesen.

Ob wir still sein sollten, ob wir nicht fragen durften, ob wir hier und da nicht hinsehen, nicht hinfassen durften, ob wir dies oder jenes unterlassen mußten, in der Mehrzahl der Fälle wird es so gewesen sein, daß es sich um Dressur gehandelt hat.

Wir hatten viel zu selten Gelegenheit, um zu überlegen: «Sag mal, Mama, warum darf man denn nicht dahinsehen?» Die Antwort lautet oft: «Das tut man nicht!», «Halt den Mund!», «Frag nicht so dumm!»

Das ist zwar etwas abgekürzt und vergröbert. Viel gefährlicher wäre es noch gewesen, wenn sich das alles sozusagen in einem atmosphärisch feingesponnenen Netz ablehnender Gefühle abgespielt hätte, so daß man schon zu der Frage nicht mehr den Mut fand. Auch dann geht es um Dressur.

Wir haben viele unserer Verhaltensweisen, mit der Welt umzugehen, auf dem Wege der Dressur erworben. Wahrscheinlich muß das so sein. Denn in dem frühen Alter, in dem wir den Umgang mit der Welt erlernt haben, stehen uns Einsicht, Verstand und Vernunft noch nicht zur Verfügung. Der Mensch ist offenbar so eingerichtet, daß er vielfach auf die Dressur bei der Erziehung seiner eigenen Kinder zurückgreifen muß, um sie vor Schaden zu bewahren. Es ist eine Aufgabe des späteren Lebens, rückwirkend die Dressur wieder in Erziehung umzuwandeln, um aus einem dressierten Menschen zu einem erzogenen zu werden.

Dressur geht mit Verdrängungen einher, wie ich mit dem Hundebeispiel anschaulich machen wollte. Beim Menschen bezeichnen wir das Geflecht seiner Gehemmtheiten als Neurose.

Und weil wir miteinander gegen die Neurose verbündet sind, werde ich versuchen, das Hundebeispiel für unsere therapeutische Arbeit noch durchsichtiger zu machen.

Mit dem Gleichnis von «Stuhl und Decke» versuche ich verständlich zu machen, daß der gehemmte Mensch schon als Kleinkind, um geliebt zu bleiben, Teile seiner Lebendigkeit gegen sich selbst gekehrt und zu einer Angst- und Schuldgefühlsdecke gemacht hat. So ist es gekommen, daß Teile seiner Lebendigkeit von der Bühne seines bewußten Erlebens verdrängt wurden. Er hat diese Teile seiner Lebendigkeit – bildlich gesprochen – in den Keller seines Unbewußten verbannt. Das Groteske ist, daß keineswegs immer ein kompletter Stuhl oder andere Inventarstücke komplett in der Versenkung zum Verschwinden gebracht wurden. Oft sind es nur Teile davon.

Im Märchen von Dornröschen sinkt in jenem Zauberschloß alles in hundertjährigen Schlaf: Die Hand des Kochs, der den Küchenjungen ohrfeigen will, das Feuer im Herd usw. In der Erlebenswelt des gehemmten Menschen sind – bildlich gesprochen – oft nur Teilstücke des Inventars in der Versenkung verschwunden.

Man muß sich das so absonderlich und so märchenhaft vorstellen, daß beispielsweise nur ein halber Stuhl, eine Kaffeetasse und vielleicht die Blumenvase unsichtbar geworden sind, so daß Wasser und Blumen frei auf dem Tisch stehen. Der Volksmund sagt zutreffend, so jemand habe «nicht mehr alle Tassen im Schrank». Man stößt überall auf Lücken, besser gesagt vielleicht auf Löcher, auf Truggebilde, auf die man hereinfallen kann.

Nun soll dieses Gleichnis so fortgesetzt werden, daß alles Verdrängte in dem unter der Bühne befindlichen Kellerraum von uns angetroffen werden kann.

Der Raum ist dunkel. Er wird als das Unbewußte bezeichnet.

Das Unangenehme an der Geschichte ist, daß wir die Fallöcher bei uns selber nicht ohne weiteres bemerken.

Ein Beispiel: Da fordert ein gefügig gehemmter Mensch, der selbst gerade in Eile ist, seinen Gesprächspartner dazu auf, noch zu bleiben und sich zu setzen, obgleich er ihn im Grunde gerade jetzt fortwünscht. Wenn der andere das spürt, sich nicht setzt, sondern aufbrechen will, dann fragt ihn der Gefügige in Verkennung seines wahren Interesses: «Sie wollen doch nicht schon gehen?»

Wir wollen nun die Bühne, auf der Teile des Inventars fehlen, verlassen und miteinander in den daruntergelegenen Keller gehen. In diesem Kellerraum werden wir alle die Inventarstücke vorfinden, die oben fehlen. Hinzu kommt, daß alle mehr oder minder mit einer Decke bedeckt sind. Diese Feststellung ist wichtig. Es ist seltsam, wie gern wir das vergessen, daß dort über allem jene uns bekannte Decke liegt. Könnten wir, wenn wir die Tür jetzt öffnen, mit Blitzlicht ein paar Fotos machen, dann würden wir auf den so gewonnenen Bildern das vor uns haben, was wir als unsere Träume bezeichnen.

Ist auf einem solchen Bild zufällig gerade der von der Decke freigebliebene Anteil der Stuhllehne zu sehen, dann nennen wir diesen Traum einen Wunschtraum.

In unserem Beispiel würde sich ein Stück vom Freßtrieb offenbaren. Der Traum könnten lauten: «Ich sitze an einem reich gedeckten Tisch und esse mich richtig satt.»

Wäre auf dem Foto dagegen nicht nur ein Stück von der Stuhllehne, sondern auch ein entsprechendes Stück von der Decke zu sehen, dann enthielte der Traum neben dem Bedürfnis auch einen Angstanteil. Dann heißt der Traum beispielsweise: «Ich sehe in einem Schaufenster appetitliche Lebensmittel liegen. Da springt von hinten ein Hund auf mich zu und will mich ins Bein beißen.» Der Traum enthält also den Wunsch, daß ich etwas essen möchte und die Handlung, daß zugebissen wird.

Aber diese Handlung ist im Traum so dargestellt, daß sie mir Angst macht und mir der Appetit vergeht. Als Urheber meiner Träume habe ich sowohl den Appetit als auch das Zubeißen selbst arrangiert. Aber ich habe es nicht als ein reines Wunscherlebnis, sondern mit Angst gekoppelt dargestellt.

Schließlich gibt es noch die dritte Möglichkeit, nämlich daß auf dem Foto lediglich die Decke zu sehen ist. Dabei handelt es sich um das Bild eines Angsttraumes. Wir können uns nur daran erinnern, daß wir im Traum Angst gehabt haben.

Vielleicht klingt noch etwas an von beißen und gebissen werden, von schlingen und verschlungen werden. Hier ist es die Aufgabe der Psychoanalyse, allmählich herauszugraben, was unter dieser Angstdecke denn eigentlich für ein Bedürfnis liegt.

Mit dem Schluß des zweiten Satzes vom Klavierkonzert Nr. 1, B-Moll opus 23, von Peter Tschaikowsky ist nun auch der dritte Teil der Geschichte von «Stuhl und Decke» zu Ende. Ich hoffe sehr, daß nun viele Fragen in Ihnen angeregt worden sind. Die Intelligenz des Menschen fängt mit dem Fragen überhaupt immer erst an. Einige Fragen werden Ihnen im vierten Teil von «Stuhl und Decke» beantwortet werden. Wenn das nicht der Fall ist, dann empfehle ich Ihnen, die Fragen schriftlich für die nächste D-Sitzung einzureichen. Außerdem können Sie mir Ihre Fragen auch persönlich stellen. Vielleicht können Sie sich auch mit dem Gedanken trösten, daß Sie die Möglichkeit haben, dieses und auch jedes andere Tonband so oft anzuhören wie Sie wollen.

Im vierten Teil werden wir uns mit Fragen beschäftigen, wie der Weg aussieht, den wir zu gehen haben, um alles, was da im Keller liegt, wieder zum Auftauchen zu bringen.

Auf Wiederhören bei «Stuhl und Decke», vierter Teil.

«Stuhl und Decke IV»

Dies ist der vierte Teil von «Stuhl und Decke». Uns wird die Frage beschäftigen, was zu geschehen hat, um die gehemmten Bedürfnisse wieder in unser Alltagserleben zurückzugewinnen.

Wir erinnern uns daran, daß die gehemmten, also aus unserem Erlebensbereich ausgeklammerten Bedürfnisse mehr oder weniger mit Angst-, Schuld- und Unlustgefühlen zugeschüttet sind. Wir müssen diese Unlustgefühle in Kauf nehmen, wenn wir uns auf die Suche nach dem Gehemmten machen. Nun kommt aber noch etwas Weiteres hinzu, nämlich daß die Bedürfnisse zu einer Zeit gehemmt worden sind, als wir noch kleine Kinder waren. Die gehemmten Bedürfnisse sind daher noch keineswegs an unser gegenwärtiges Leben und Erleben angepaßt, sondern sie tauchen in jener Form auf, in der sie seinerzeit in der Versenkung verschwunden sind. Wir stehen vor den Aufgaben, nicht nur die Unlustgefühle zu verarbeiten, sondern eine Nachreifung jener Bedürfnisse zu vollziehen und sie so an unser gegenwärtiges Erleben anzupassen. Hinzu kommt, daß wir gleichzeitig durch den Zuwachs an Lebenskraft in unserem Gleichgewicht erschüttert werden können. Wir müssen uns – so ähnlich, wie es uns in der Pubertätszeit erging – auch mit unseren bisherigen Auffassungen und mit unserem bisherigen Lebensgefühl auf diesen Kräftezuwachs einstellen und uns umstellen.

Schließlich kommt hinzu, daß wir allerhand nachlernen müssen. Das gehört zu jeder psychoanalytischen Entwicklung. Es handelt sich dabei um eine Arbeit, die sich nicht innerhalb der Analysestunden vollzieht, sondern die in unserem Alltag quasi um die Analysestunden herum geleistet werden muß.

Wenn wir aufgrund einer bestimmten Neugiergehemmtheit beispielsweise in der Schule nicht ausreichend Rechnen lernen konnten, und wenn wir nun aufgrund der Analyse wieder in den Besitz jener Neugier gelangt sind, dann heißt das nicht, daß wir auch schon rechnen können, sondern dann müssen wir die neu erworbenen Werkzeuge dazu benutzen, um das, was wir in den vergangenen Jahren und Jahrzehnten zu lernen unterließen, einigermaßen nachzuholen.

Das bedeutet, daß wir uns ganz ernsthaft, und zwar möglichst in jeder Behandlungsstunde darüber klar werden sollten, daß der erhoffte Fortschritt und Zuwachs an Lebenskraft und Lebensenergie uns vor die Aufgabe stellt, Arbeitstechnik, Menschenkenntnis, und auch reines Sachwissen nachzulernen. Das sind wichtige Aufgaben, die häufig übersehen werden.

Was ist das erste, was sich uns anbietet, wenn etwas, was bisher gehemmt war, wieder in unseren Erlebenskreis eintritt? Das erste, was sich meldet, ist das Unlustgefühl.

Das Rezept, das sich daraus herleiten läßt, besteht darin, immer das zu üben, was uns Unlust bereitet, sofern uns unsere Vernunft dabei bestätigt.

Ein Beispiel: Da hat eine Patientin im Zusammenhang mit der Bearbeitung eines Traumes entdeckt, daß es für sie wichtig ist, mit Fingerfarben zu spielen bzw. mit Kleisterfarben auf großem Papier zu schmieren. Sie hat erlebt, wie dabei in ihr Ekel- und Angstgefühle auftreten und hat es für vernünftig gehalten, sich hierin weiter zu üben, um diese negativen Gefühle zu überwinden.

Nun zeigte sich aber, daß diese negativen Gefühle zunächst stärker waren, als ihre guten Vorsätze. Sie ertappte sich bei lauter Entschuldigungen, mit denen sie zu rechtfertigen versuchte, daß sie ihre Vorsätze nicht einhielt und nicht übte.

Es kostete sie große Überwindung und viel Kraft, schließlich doch regelmäßig Kleister anzusetzen, mit Farbpulver zu mischen und dann Farbgemische auf das Papier zu schmieren.

Zunächst fiel ihr auf, daß sie sich selbst dabei beschimpfte. Erst als sie sich ein Herz faßte und statt auf sich kurzerhand auf mich schimpfte, ließen die Unlustgefühle nach. Für den Heilungsprozeß ist es entscheidend, daß auf Autodestruktionen verzichtet wird. Eine Ausgleichsmöglichkeit besteht darin, verbale Autodestruktionen auf den Analytiker umzulenken.

Es dauerte eine Zeit von etwa fünfzig solcher Übungen, und die Unlust- und Angstgefühle waren gewichen. Gleichzeitig hatte sich ihr Selbstbewußtsein gefestigt. Sie war offensichtlich gesünder geworden.

Hier ist anzumerken, daß wir als Kind auch erst dann etwas gelernt haben, wenn es öfter, meist etwa fünfzigmal wiederholt worden ist. Erwachsene neigen dazu, ein Kind beispielsweise mit den Worten zu rügen: «Ich habe dir doch schon hundertmal gesagt, daß du dir die Hände waschen sollst, wenn du zum Essen an den Tisch kommst!», obgleich es vielleicht erst zum fünften Mal dazu aufgefordert worden ist.

Richtiger wäre es umgekehrt. Dann würde dem Kind beim einundfünfzigsten Mal gesagt: «Bitte wasche dir die Hände, wenn du zum Essen kommst, wie ich dir schon einmal gesagt habe!»

Zusammenfassend halte ich fest, daß der Behandlungserfolg von Agmap davon abhängig ist, wieviel Liebe Sie für sich entflammen werden, um zu üben, zu lernen und nochmals zu üben.

Ohne Liebe geht es nicht. Erst wenn Sie sich Ihrer erbarmen, auf jede Form der Selbstbeschäftigung und Selbsterniedrigung verzichten und sich statt dessen aufrichten, sich trösten und sich Hoffnung spenden, werden Sie auf dem Weg zu Ihrer Genesung vorankommen.

Ist das, woran Sie üben, nicht mit Angst besetzt, dann handelt es sich nicht um etwas Verdrängtes. Ist es dagegen mit zu starken Unlustgefühlen besetzt, dann wird es mit dem Üben nichts. Es kommt darauf an, die richtige Dosierung zu wählen. Es gilt, immer «am Rand» von Angst, Ekel und Unlust zu arbeiten, so daß diese Gefühle nicht zu stark aber auch nicht zu schwach sind. Die Geschichte von «Stuhl und Decke» wird Ihnen hilfreich sein.

Schließlich geht es um Lernen. So müßten Sie beispielsweise, wenn Sie es noch nicht können, tanzen lernen. Ist das bisher lediglich «zufällig» unterblieben, werden Sie damit keine Probleme haben. Hing Ihr Nichtkönnen dagegen mit Gehemmtheiten auf dem Gebiet Ihrer Kommunikationsbedürfnisse zusammen, dann werden Sie dabei die beschriebenen Unlustgefühle und Widerstände zu überwinden haben. Die Konsequenz heißt üben, lernen, üben und nochmals lernen.

Ihre Zugehörigkeit zu einer Gruppe in unserer gruppenzentrierten Therapie bedeutet gerade hierfür eine einzigartige Chance. Denn für nachholendes Üben und Lernen auf dem

Weg zur Überwindung der eigenen Neurose kenne ich keine günstigere Konstellation als die Mitarbeit in einer verständnisvollen und wohlwollenden Gruppe von Weggefährten, die mit Ihnen gegen die Neurose verbündet sind.

Ich wünsche Ihnen Lust und Liebe dazu und erinnere Sie an das «Rezept für Alleinübungen». Es ist in Ihrem Interesse, daß Sie möglichst nach jeder Agmap-Sitzung sich selbst etwas darauf eintragen, von dem Sie erkannt haben, daß Sie es üben sollten und – nicht zuletzt – was Sie lernen sollten.

Mit dem Schluß vom dritten Satz des ersten Klavierkonzerts von Peter Tschaikowsky geht der 4. Teil von «Stuhl und Decke» zu Ende. Ich danke Ihnen dafür, daß Sie mir aufmerksam gefolgt sind. Es kommt nicht so sehr darauf an, daß Sie alles beim ersten Anhören verstehen. Das kommt erst mit der Zeit. Ich benutze hier eine Bildersprache in der Hoffnung, daß die Bilder in Ihnen Ihr persönliches Leben anregen, damit Sie das Bild voll entfalten werden, das in Ihnen ruht, das Sie selbst sind, und das Sie zur Entfaltung bringen möchten.

Auf Wiederhören!

«Das Gummibommelchen»

Dies ist die Geschichte vom Gummibommelchen. Was ist ein Gummibommelchen? Ein Gummibommelchen ist ein modischer Schmuck, der manchmal von jungen Mädchen wie eine Art Kette um den Hals getragen wird. Es handelt sich um eine kleine Gummikugel, die an einer geflochtenen Gummischnur hängt. Man könnte daran ziehen. Und wenn man sie losließe, dann würde sie wieder in ihre ursprüngliche Lage zurücksausen.

Ich kannte mal ein Mädchen, das trug solche Gummibommelchen. Darum kenne ich auch diese ausgefallene Geschichte und diese ausgefallene Bezeichnung. Mir machte es damals Spaß, wenn wir zusammensaßen mit den Gummibommelchen zu spielen. Es war so etwas wie ein kleiner Flirt. Das Mädchen freute sich offensichtlich darüber und fand es lustig.

Mir wurde damals klar, daß dieses zärtliche Spiel Nähe voraussetzte. Wäre ich vor einer solchen Nähe zurückgeschreckt und auf Distanz gegangen, dann wäre daraus etwas Bedrohliches geworden.

Hätte jemand aufgrund seiner Gehemmtheit auch nur *einen* Meter Abstand genommen und folglich das Gummiband entsprechend lang gezogen, dann brächte jedes Loslassen Gefahren einer Verletzung und Schmerzen mit sich.

Es geht bei diesem Beispiel um ein Gleichnis der Aggressivität, d. h. der Angriffslust. Der Flirt – Kopf an Kopf – ist als intensive Annäherung ein Ausdruck von Aggressivität, wenn man Aggressivität als Lust zur Annäherung und zur Bewegung versteht. Erst die Stauung und die Distanzierung bewirken, daß die Aggressivität den Charakter feindseliger Angriffslust erhält.

Aggressivität ist das Feuer des Lebens. Es kommt darauf an, es nicht auszulöschen, es andererseits aber auch nicht ausufern zu lassen.

Die Seele muß sich als geeigneter und angemessener Ofen erweisen, der imstande ist, das Feuer zu bergen, zu erhalten und zu bändigen.

Aggressivität will eingebunden sein, will Wünsche verwandeln in Bitten, will Überfluß verwandeln in Gaben, will öffnen und schließen, will Nähe in Abgrenzung, will Individualität, will Person und Aufgehobenheit.

Aggressivität kann sich nur dann konstruktiv umsetzen, wenn man erkannt hat, daß wir alle in *einem* Boot sitzen; daß es kein draußen, kein außerhalb gibt; daß man niemanden und nichts ausschließen kann; daß es wichtig ist, seine Feinde zu lieben und auch in ihnen Gott, den Schöpfer des Himmels und der Erde, zu entdecken.

Gesunde und ausgereifte Aggressivität ist Herzlichkeit, Herzhaftigkeit, Beherztheit, Warmherzigkeit und die Kraft, anderen nahe zu sein, Gefühle zu zeigen und verträumt mit dem Gummibommelchen zu spielen, Kopf an Kopf, Wange an Wange.

Die zärtliche Begegnung von Menschen ohne geschlechtsbezogene Schranken ermöglicht Freundschaften.

Es ist schade, wenn Aggressivität überwiegend zu Rivalität entartet. Die Ursache dafür ist häufig darin zu sehen, daß der Horizont zu eng gezogen wird, daß man irrtümlicherweise annimmt, man könne etwas von sich selbst oder gar andere unliebsame Personen ausbooten, aus der Welt schaffen, man müsse seine Liebe an Bedingungen knüpfen und auch gegen sich selbst wüten.

In Wahrheit sollten Sie sich immer liebend annehmen, auch wenn Sie gerade nicht artig, nicht bequem, nicht ohne Fehler sind. Denn alles dieses werden Sie eher ändern können, wenn Sie sich lieb behalten.

Auf Wiederhören!

«Egoismus (Der Römische Brunnen)»

Guten Tag!
Es hat sich als zweckmäßig herausgestellt, daß wir uns einmal etwas ausführlicher mit dem Begriff des «Egoismus» beschäftigen. Es gibt kaum einen Patienten, der nicht zu Beginn seiner Analyse den Eindruck hätte, daß er ein «Egoist» werden solle. Das Gegenteil ist richtig. Um uns darüber zu verständigen, stelle ich zuvor die Frage: Was ist das eigentlich, Egoismus? Und wer ist eigentlich ein Egoist? Ist es jemand, der in erster Linie an sich denkt, jemand, der vorzugsweise im eigenen Interesse handelt? Also z. B. jemand, der seinen Hunger stillt oder jemand, der es vermeidet, seinen Anzug zu beschmutzen oder zu zerreißen, und der sich von einer Beschäftigung zurückhält, die er nicht mag und die er auch nicht unbedingt tun muß? Ist der ein Egoist?

Das Problem scheint recht unklar zu sein. Manchmal wirkt es direkt erschreckend, wenn ich meinen Patienten sage, sie sollten sich zunächst einmal den Satz zu eigen machen: «Erst komme ich, und dann kommt eine Weile gar nichts. Und dann komme wiederum ich. Dann kommt wiederum eine ganze Weile gar nichts. Und dann schließlich und endlich komme ich. Und dann kommt überhaupt nichts mehr. Wenn dann noch etwas übrig bleibt, dann erst kommen die anderen. Und, o Wunder, dann bekommen sie im allgemeinen viel mehr als sie bekommen hätten, wenn ich ihnen von Anfang an gegeben hätte.»

Dieser Satz wird als reiner Egoismus mißverstanden.

Aber ich will Ihnen gleich vorweg sagen: Ich glaube nicht, daß es sich um Egoismus handelt, wenn man sich liebt, wenn man im eigenen Interesse handelt und dafür sorgt, daß man gesund und gut eingebettet ist in wache und warmherzige Verhältnisse zu seiner Familie, zu seinem Volk, zur ganzen Menschheit, zur ganzen Welt und zu Gott.

Ich verstehe unter Egoismus etwas anderes. Ich bin der Meinung, daß Egoismus eine Neurose ist. Ich gehe davon aus, daß die Störung eines jeden, der eine psychoanalytische Behandlung braucht, unter anderem in seinem Egoismus liegt, und daß Agmap ein Weg ist, diesen Egoismus abzulegen. Ich bin der Meinung, daß man unter einem Egoisten einen Menschen verstehen sollte, der weder sich selbst noch andere liebt, der lediglich mit Argwohn und anderen autodestruktiven Einstellungen übermäßig auf sich selbst achtet und darüber andere Ganzheiten, deren Teil er ist, vergißt, falls er sich nicht sogar von ihnen beeinträchtigt fühlt.

Mir schwebt als Gleichnis eine Kette vor. Man sagt, daß jede Kette so schwach ist, wie ihr schwächstes Glied. Wenn nun jemand im Bewußtsein, selbst Glied in einer Kette zu sein, sich pflegt und stark macht, um so gleichzeitig der ganzen Kette zu dienen, dann ist er gewiß kein Egoist. Neurotische Menschen sind dagegen irgendwo mit dem «Wir», zu dem sie gehören, mit der Gemeinschaft, mit der Familie, mit dem Elternhaus, mit dem Ehepartner und letzten Endes mit allen Menschen zerfallen.

Wer sein Handeln «vom anderen her» plant, ist deshalb keineswegs ein Liebender. Er ist vielmehr unselbständig und zehrt an den Kräften derer, die er für sich in Anspruch nimmt.

Ja, er ist nicht selten davon überzeugt, daß es ihm zusteht, von anderen gepflegt und umsorgt zu werden, wo er sich doch – wenigstens seiner eigenen Meinung nach – zeitlebens selbstvergessen für andere kaputt macht.

Sie hören aus der Wendung «sich für andere kaputt macht» ganz gewiß schon heraus, daß da ein Verhalten gezeigt wird, das ich als autodestruktiv bezeichne, gegen das wir miteinander verbündet sind.

Jesus hat gesagt, daß es nicht gut ist, wenn Blinde sich zum Führer von Blinden machen oder wenn man sich um die Augenverletzung eines anderen kümmert, ehe man das verletzte eigene Auge behandelt hat. Bekanntlich fließt nur ein voller Topf über.

Und das unablässige Herumfummeln am eigenen Aussehen, wie es beispielsweise der Eitle tut, ist beileibe keine liebevolle Zuwendung zu sich selbst, sondern Ausdruck von Minderwertigkeitsgefühlen und von Selbsthaß. Das Gleiche gilt für den Hypochonder, der sich unablässig betrachtet, um jeden Schmerz, jeden Pickel, jeden blauen Fleck als Signal für unmittelbar bevorstehendes Siechtum zu deuten. Das sind Beispiele für die als Egoismus zu bezeichnende Neurose.

Wer sich dagegen warmherzig annimmt, so wie er ist, wer sich schon in der Frühe mit seinem eigenen Namen begrüßt und Gott dafür dankt, daß er mit seinem Körper leben darf, wer sein Leben und seine Bedürfnisse aus Gottes Hand in die eigene Verantwortung nimmt, der ist kein Egoist, sondern ein Liebender mit einer belebenden Ausstrahlung.

Wer von einem ungedeckten Konto Spenden macht, von dem heißt es, daß nur ein Lump mehr gibt, als er hat. Wer sich den lieben langen Tag für andere umbringt, wie man so sagt, dessen Gaben sind – in der Banksprache gesprochen – sämtlich Wechsel auf Zukunft. Der entwickelt unausweichlich eine mit der Zeit sich immer stärker ausprägende Anspruchshaltung, sei sie auf einen bevorzugten Platz im Jenseits, sei sie auf Rente und Zuwendung im Diesseits gerichtet.

Es gibt ein schönes Gedicht von Conrad Ferdinand Meyer mit dem Titel «Der Römische Brunnen»:

> *Aufsteigt der Strahl und fallend gießt*
> *Er voll der Marmorschale Rund,*
> *Die, sich verschleiernd, überfließt*
> *In einer zweiten Schale Grund;*
> *Die zweite gibt, sie wird zu reich,*
> *Der dritten wallend ihre Flut,*
> *Und jede nimmt und gibt zugleich*
> *Und strömt und ruht.*

Meiner Meinung nach sollten wir die oberste Schale «Ich» nennen. Sie ist die kleinste und unbedeutendste. Sie hat den kleinsten Durchmesser und das geringste Fassungsvermögen.

Aber sie wird als erste mit dem Wasser des Lebens, d. h. mit Liebe angefüllt. Und erst, wenn sie voll gefüllt ist, fließt sie – sich verschleiernd – über und füllt nun die nächst größere Schale, die wir die «Du»-Schale nennen sollten.

Ihr Durchmesser und ihr Fassungsvermögen sind wesentlich größer. Sie ist das Gefäß der Nächstenliebe. Fließt auch dieses über, füllt sich damit das große untere Rund, das der Liebe zu Gott entspricht. Christen kennen ihn als Menschensohn Jesus und können in dem Römischen Brunnen unschwer ein Gleichnis des mosaischen, christlichen und islamischen Liebesgebotes wiedererkennen.

Ein anderes Beispiel ist das Orchester. Bevor ein Konzert aufgeführt wird, stimmen die Musiker zunächst ihre Instrumente. Sie erfüllen damit ihre Pflichten sich selbst und dem eigenen Instrument gegenüber. Dies entspricht dem grundlegenden Liebesumgang des Menschen mit sich selbst.

Der Grundton, an dem die Musiker sich dabei orientieren, ist vorgegeben und entspricht dem göttlichen Leben. Erst wenn das eigene Instrument gestimmt ist, erfolgt – orientiert am Dirigenten – die Kooperation mit den übrigen Musikern. Dies entspricht der geübten Nächstenliebe.

Die Aufführung des Musikwerks bringt nicht nur die wohlgestimmten Instrumente in ihren Eigenarten, sondern die ganze Partitur zum Erklingen: das entspricht dem großen göttlichen Rund des Römischen Brunnens.

«Liebe Gott über alles und deinen Nächsten wie dich selbst!»

Die Liebesordnung scheint – entsprechend dem Liebesgebot – darin zu bestehen, daß wir Gott erst dann lieben können, wenn wir den Nächsten lieben, den wir sehen, und daß wir den Nächsten erst dann lieben können, wenn wir selbst ein gefülltes Gefäß geworden sind, das überfließt.

Ein anderes Beispiel handelt von einem Flieger. Er mußte mit seinem neunjährigen Sohn in der Wüste Nordafrikas notlanden. Beide waren glücklicherweise unverletzt geblieben. Der Vater hatte noch einen Kompaß und eine Landkarte, mit deren Hilfe er feststellen konnte, wo sich die nächste Oase befand, die er zu Fuß in anderthalb Tagen würde erreichen können. Beide besaßen zusammen noch eine halbe Feldflasche voll Getränk. Dem Vater war klar, daß er die Oase nur dann erreichen würde, wenn er das ganze Getränk mit auf den Weg nähme. Er mußte sich schweren Herzens dazu entschließen, dem Sohn zu sagen: «Du bleibst hier im Schatten des Flugzeugs und schütze dich, so gut du kannst, vor den brennenden Sonnenstrahlen! Morgen hole ich dich!»

Obgleich der Sohn über Durst klagte, gab ihm der Vater nichts, sondern nahm den ganzen Trunk mit auf seinen Weg zur rettenden Oase. Wohlwissend, daß jedes Nachgeben, jedes vordergründige Mitleid für beide den sicheren Tod bedeuten würde.

Nachdem er die Oase glücklich erreicht hatte, konnte er von dort aus mit dem PKW zu seinem Sohn zurückkehren und auch ihm auf diese Weise das Leben retten.

Betrachtet man den Vater, der den Sohn in der Wüste allein läßt und ihm nichts zu trinken gibt, dann könnte man den Vater für einen Egoisten halten. Überprüfen Sie Ihr Gefühl selbst!

Wenn wir geboren werden, sind wir zunächst hilflos und auf Liebe von außen her angewiesen. Je erwachsener wir werden, um so weniger Ansprüche auf Liebe von außen her bleiben übrig. Ja, ich nenne einen Menschen erst dann einen Erwachsenen, wenn er alle Vater- und Mutterfunktionen, die in seiner Kindheit beispielsweise von seinen Eltern verwaltet wurden, nunmehr in eigene Regie genommen hat und so ein Liebender geworden ist.

Wo er sich hingegen noch immer auf einer von ihm selbst unbemerkten Vater- oder Muttersuche befindet, d. h. Liebe von außen her beansprucht, da nenne ich ihn noch nicht erwachsen. Da ist er retardiert, d. h. in seiner Entwicklung zurückgeblieben. Er ist insoweit kindisch und neurotisch geworden.

Machen wir uns noch einmal klar, daß unser Leib ein uns anvertrautes, wertvollstes Gut ist, und daß wir uns beschädigen, wenn wir uns zu stets höheren Leistungen antreiben und dabei völlig vergessen, uns wie einem kostbaren Instrument mit der nötigen Dankbarkeit und Achtung zu begegnen, wie wir sie anderen Menschen und Dingen angedeihen lassen, mit denen wir Umgang haben.

Kurz gesagt, versuchen Sie Ihren Egoismus zu überwinden, indem Sie sich bewußt machen, daß Sie noch viel mehr von Ihrer Liebe brauchen, die Ihnen jedoch nicht von außen her zusteht, die Sie vielmehr sich selbst unablässig zuwenden sollten. In dem Maß, wie Sie das fertigbringen, sind Sie fähig, Liebe von anderen ungeschmälert anzunehmen. Und vergessen Sie nicht: Auch Sie sind ein Tempel Gottes und damit ein Heiligtum! Auch Sie sind sich selbst gegenüber und damit für sich ein Du, ein Allernächster.

Auf Wiederhören!

«Die Hirsche»

Es war vormittags an einem wunderschönen Frühsommertag. In der Ferne hörte man das Schnattern der Gänse. Auf einer Waldlichtung labte sich ein Hirsch mit seiner Gefährtin am saftigen Gras. Während die beiden ihren Hunger stillten, ging ein anderer junger Hirsch vorbei. Er machte seinen Morgenspaziergang und war allein. Wie er da vorbeikam, sah er die Hirschkuh und sie gefiel ihm gut. Er dachte sich, was ist das doch für ein schöner Tag, wenn man schon am frühen Morgen eine so hübsche Hirschkuh sieht.

Auch sie hatte den Hirsch gesehen und dachte sich, wie merkwürdig, daß diese jungen Hirsche am Vormittag so allein durch die Gegend wandern.

Der Alte hatte den Blicketausch bemerkt. Das gefiel ihm gar nicht. Er senkte sein Haupt, daß das Geweih nach vorne zeigte, nahm einen Anlauf, machte einen Satz und rammte mit voller Wucht den nächsten Baum, brach sich das Genick und war tot, nicht ohne noch vorher die Worte zu sprechen:

«Ätsch, das habt ihr nun davon! Jetzt bin ich tot! Warum liebäugelt ihr auch miteinander!»

Das war die erste Fassung meiner Fabel von den Hirschen.

Eine zweite Fassung fängt ganz genauso an. Und wieder senkte der Alte sein Haupt, daß das Geweih nach vorn zeigte, nahm einen Anlauf, machte einen Satz und rammte mit voller Wucht die Hirschkuh, daß sie tot umfiel. Dann richtete er sich stolz auf und sprach zu dem Rivalen triumphierend die Worte: «Ätsch, das hast Du nun davon, nun ist sie tot. Nun haben wir beide nichts! Warum machst Du auch solchen Blödsinn!»

Eine dritte Fassung beschreibt, wie es in der Natur wirklich vorkommt: Er verjagt den Rivalen.

Weshalb habe ich Ihnen diese Fabel erzählt?

Ich möchte damit anregen, daß Sie bei sich selbst überprüfen, in welchen Fassungen Sie sich wiedererkennen, oder wie die Fassung aussieht, die für Ihre Verhaltensweisen zutrifft. Es gibt nämlich nicht nur diese von mir beschriebenen Möglichkeiten. Es gibt beispielsweise den alten Hirsch, der plötzlich schneller kaut und im Paradeschritt um die Hirschkuh herumstolziert in der Hoffnung, ihr durch Mehrleistung und durch Außergewöhnlichkeiten zu imponieren. Es gibt denjenigen, der zusammenzuckt und ruft: «Ich glaube, ich werde krank! Ich habe Seitenstiche!» Er hofft damit, ihr Mitgefühl auf sich zu lenken und seine Favoritenrolle zu festigen. Wahrscheinlich haben Sie für verschiedene Lebenssituationen verschiedene Rollen in Gebrauch.

Wie sieht das, was ich mit der Fabel von den Hirschen beschreiben möchte, in unserem Alltag bei näherem Hinsehen überhaupt aus? Da kommt beispielsweise ein Mann von der Arbeit nach Hause. Er ist müde und hungrig. Seine Frau stellt ihm eine warme Mahlzeit auf den Tisch, weil er wegen seiner Arbeit erst abends warm ißt.

Während er es sich schmecken läßt, sitzt seine Frau ihm gegenüber. Sie erzählt ihm, was alles mit den Kindern vorgefallen ist, vom Ärger mit den Nachbarn und von neu eingetroffenen Rechnungen. Offensichtlich ärgert es ihn. Aber statt daß er seine Frau bittet, ihren Bericht bis nach Tisch aufzuschieben, hört er eine ganze Weile still zu. Nur an der Ader neben seiner Stirn könnte man erkennen, daß sich sein Ärger in Wut verwandelt. Schließlich schlägt er mit der Faust auf den Tisch und brüllt: «Nun friß doch Deinen Fraß alleine!» Daraufhin bestraft er sich für diesen Ausbruch, indem er weitere Nahrungsaufnahme verweigert und ins Nebenzimmer geht.

Welche Fassung meiner Fabel wäre das? Es wäre die erste Fassung: Ihm mißfällt etwas, und er bestraft sich selbst. Wie oft wenden wir dieses Verhalten in unserem Alltag an? Nun, ich meine, nicht so ganz selten. Wir haben uns gewiß darüber auch schon öfter unterhalten.

Aber es kann auch anders sein. Wir lesen hin und wieder in der Zeitung, daß jemand seine Braut aus Eifersucht erschossen hat. Das wäre dann die zweite Fassung von meiner Fabel. Dabei geht es darum, daß man das kaputt macht, was man selbst begehrt und liebt.

Dies ist der Punkt! Meinen wir mit unseren Reaktionen immer wirklich das, wogegen sich unsere Reaktionen richten? Nutzen wir unseren lodernden Affekt dazu, um uns das Ärgernis zu verkleinern oder aus dem Wege zu räumen? Oder richten wir in vielen Fällen diese im Grunde so nützlichen Affekte noch gegen uns selbst?

Da hat ein Ehepaar beispielsweise Theaterkarten. Beide sind dabei, sich fertig zu machen. In zehn Minuten soll es losgehen. Aber die Frau findet ihren Lippenstift nicht, und der Mann sucht vergeblich nach einer passenden Krawatte. Schließlich hat die Frau den Lippenstift gefunden, ohne aber dem Mann bei der Suche nach der gewünschten Krawatte zu helfen. Darüber wird er so wütend, daß er erklärt, sie könne nun allein ins Theater gehen. Wen schädigt der Mann damit? Sich selbst, seine Frau und seine Ehe.

Das aber hat er alles nicht bedacht, denn sonst hätte er sich anders verhalten.

Auf Wiederhören!

«Die jungen Hunde»

Herzlich willkommen zu unserer Geschichte, die von zwei Welpen handelt.

Machen Sie es sich zunächst wieder recht bequem, indem Sie sich aufrichten. Denken Sie Ihren eigenen Vornamen als Anrede und machen Sie sich bewußt, daß Sie jetzt ein hörender, ein angesprochener Mensch sind, der sich anschickt, etwas in sich aufzunehmen.

Immer wieder kommt es darauf an, sein Bewußtsein zu wecken und sich anwesend zu machen. In diesem Sinne begrüße ich Sie.

Ich vermute, daß auch Sie schon Erfahrungen mit Tieren besitzen. Vielleicht können Sie einiges selbst bestätigen von der folgenden – wie ich meine – recht alltäglichen Geschichte. Sie lautet:

Zwei miteinander befreundete junge Männer hatten über die Liebe diskutiert. Sie hatten natürlich schon am eigenen Leibe erlebt, daß liebevolle Zuwendung etwas Angenehmes und Schönes ist. Aber sie hatten auch von verschiedenen Seiten gehört, daß Liebe auch für die Entwicklung jedes einzelnen größte Bedeutung besitzt. Sogar schon die so oft bestaunten Dressurleistungen von Tieren sollen das Ergebnis liebevoller Zuwendung sein.

Andererseits soll sich ein herzloser und gewalttätiger Umgang auf die körperliche Entwicklung und die Gesundheit der Betroffenen nachteilig auswirken.

Die beiden jungen Männer wollten das nun ganz genau wissen. Deshalb beschlossen sie, einen Versuch durchzuführen.

Sie gingen in ein Tierheim, und beide kauften sich dort jeder einen Welpen. Dabei achteten sie darauf, daß die Tiere aus demselben Wurf stammten, nicht älter als gut drei Monate und einander möglichst ähnlich waren.

Nun kam alles darauf an, daß beide die getroffenen Vereinbarungen sorgfältig einhielten.

Das taten sie, pünktlich und genau.

Der eine sollte seinem kleinen Hund Liebe entgegenbringen, zu ihm sprechen, ihn streicheln, mit ihm spielen, ihm selbst das Futter reichen, ihn regelmäßig nach draußen führen usw.

Der andere sollte genau das Gegenteil tun, den Hund immer von sich wegstoßen, ihn weder streicheln noch anfassen, das Futter irgendwo hinstellen, ihn beschimpfen, sonst aber nicht zu ihm sprechen.

Sie hatten sich vorgenommen, sich nach zwei Wochen wiederzutreffen und die jungen Hunde mitzubringen. Dabei sollte sich herausstellen, ob einerseits die liebevolle Zuwendung, andererseits deren Mangel schon in so kurzer Zeit eine unterschiedliche Entwicklung bewirkt hatte.

Wie war das Ergebnis?

Tatsächlich hatten die beiden jungen Hunde sich unterschiedlich entwickelt. Nicht nur, daß der in einer Atmosphäre liebevoller Zuwendung gehaltene Hund bereits äußerlich einen gepflegteren Eindruck machte: Sein Fell war glatt und glänzend. Er wirkte fröhlich, lebenslustig und kam, wenn er gerufen wurde, zutraulich angelaufen. Der andere Hund dagegen sah nicht nur ungepflegter aus, sein Fell war stumpfer und struppiger. Er bot einen schlechten Ernährungszustand. Vor allem verhielt er sich ganz anders. Er war mißtrauisch, ängstlich und kam nicht, wenn man ihn rief. Er war scheu. Wollte man ihn greifen, dann knurrte er. Ja, es hätte sein können, daß er nach der Hand geschnappt hätte.

Nun ist eine derart kurze Episode von Frustration, Lieblosigkeit und Ablehnung im Leben des Hundes ohne nachhaltige Folgen. Es zeigt sich nämlich, daß auch das frustrierte Tier in kurzer Zeit aufblühte, als es nunmehr ebenfalls liebevoll behandelt wurde.

Dieses Ergebnis übertraf an Deutlichkeit die Vermutungen der beiden jungen Leute. Nun mochten sie die Augen nicht mehr davor schließen, daß man auch am Blühen der Vorgärten und der Blumen vor den Fenstern gleichfalls oft erkennen kann, ob sie mit Liebe gepflegt werden oder nicht.

Warum erzähle ich Ihnen diese Geschichte, die ihnen gewiß nichts Neues berichtet?

Ich erzähle sie Ihnen, weil sie im Zusammenhang mit der Behandlung von Neurosen und von psychosomatischen Krankheiten große Bedeutung besitzt.

Denn bei Menschen mit Neurosen und psychosomatischen Symptomen ist besonders auffällig, daß sie von der Macht der Liebe bei ihrem Umgang mit sich selbst keinen oder keinen ausreichenden Gebrauch machen. Ihr Umgangston mit sich selbst ist viel zu selten freundschaftlich, sondern statt dessen oft geprägt von Leistungsansprüchen, von Ungeduld, Unnachsichtigkeit, ja, von Verachtung, Vorwürfen und Entmutigung, von Ärger, Schuldgefühlen und Ängsten. Ich fasse diese schlimme Art und Weise des Umgangs mit sich selbst als «autodestruktiv» zusammen und empfehle jedem meiner Patienten, bei sich selbst darauf zu achten und sich selbst gegenüber warmherziger zu werden, also die Erfahrungen auszunutzen, die sich aus der Geschichte von den jungen Hunden ergeben haben.

Im einzelnen heißt das: sich immer mehr an sich selbst heranzulieben, diese Liebe nicht an Bedingungen zu knüpfen, sich mit Zuspruch beizustehen, sich selbst gegenüber geduldiger zu werden, sich Hoffnungen zu wecken, sich zu ermutigen und sich sowohl um Verzeihung zu bitten als auch sich selbst immer wieder Verzeihung zu gewähren. Warum? fragen Sie. Meine Antwort lautet:

Um der Liebe willen, was soviel heißt wie um Gottes willen. Ich halte, wie am Hundebeispiel deutlich werden sollte, die Liebe für die alles bewegende Macht, die ihre Wirkung viel rascher zeigt, als manch einer das für möglich hält.

Wenn Sie mit sich selbst freundschaftliche Gespräche führen, dann sagen Sie sich bitte gelegentlich auch einen Gruß von mir!

Auf Wiederhören!

«Müllers und Schulzes»

Müllers sind umgezogen. Und so ein Umzug braucht Zeit. Es dauert lange, bis alles seinen neuen Ort gefunden hat, bis alle Kartons ausgepackt sind, bis alles, was an laufenden Arbeiten liegengeblieben ist, nachgeholt wurde.

Nun war es Sonntagnachmittag. Frau Müller hatte sich etliche Wäsche- und Kleidungsstücke zurechtgelegt, um Knöpfe anzunähen und anderes auszubessern. Ihr Mann hatte einige Papiere und Akten vor sich ausgebreitet, um wieder aufs Laufende zu kommen. Etwa drei Stunden wollte man damit zubringen. Bis zum Abendbrot. Dann wäre wieder Grund drin, meinte Herr Müller zu seiner Frau.

«Dann habe ich wieder Luft!», stimmte sie ihm zu.

Da klingelte es. Vor der Tür standen Schulzes, eine befreundete Familie. Vier Personen. Frau und Herr Schulze mit ihren beiden Kindern. Ralf ist vierzehn, Ilse zwölf.

«Wir wollen nicht stören! Nur mal vorbeischauen! Als wir diese Straße kreuzten, fiel uns eure neue Anschrift ein. Da dachten wir, wir sagen euch schnell mal guten Tag! Unser Wagen steht im Halteverbot. Nett wohnt Ihr hier!» Und Schulzes wandten sich wieder zum Gehen.

«Na aber», eiferte sich Herr Müller. «Ihr werdet doch nicht gleich wieder gehen! Kommt rein, alle Mann! Meine Frau macht gleich einen Kaffee!»

Indessen war Frau Müller schon dabei, alles, was ihr Mann und sie sich zurechtgelegt hatten, vom Tisch zu fegen und in aller Eile irgendwo zu verstauen. Dann verschwand sie in die Küche, und ihr Mann begann, den Tisch zu decken.

«Nein», rief er, «das werdet Ihr uns doch nicht antun, bloß einfach hereinzuschauen! Jetzt legt ab, setzt euch und trinkt mit uns Kaffee!»

Während er das sagte, war er von seiner Aufrichtigkeit überzeugt. Aber damit täuschte er sich. Denn in seinem Innern hämmerte ein bohrender Gedanke, der sagte:

«Ausgerechnet jetzt müssen uns die Schulzes überfallen. Sie hätten uns nicht ärgerlicher stören können, als jetzt mit diesem überraschenden Auftauchen.»

Herr Müller täuschte sich selbst. Deutlicher gesagt: er belog sich selbst, denn als er kurz in der Küche auftauchte, gab er seiner Frau zu verstehen, daß er Schulzes Besuch gar nicht gerne sah. Er erwiderte den fragenden Blick seiner Frau, indem er seine Stirn in Falten zog und seine weit geöffneten Augen rollte und dazu eine abwinkende Geste mit der Hand machte. Das war so eindeutig, daß seine Frau erschrocken flüsterte: «Nimm dich bloß zusammen!» Die Schulzes sollten doch nicht merken, was sie wirklich dachten.

Nun trank man zusammen Kaffee. Aber die Unterhaltung kam nicht recht in Gang. Schulzes saßen wie auf Kohlen wegen des Halteverbots.

Tatsächlich fanden sie nach dem Aufbruch einen Strafzettel am Scheibenwischer. «Wir hätten uns nicht breitschlagen lassen und nicht in die Wohnung gehen sollen», sagte Herr Schulze.

«Aber das hätte die Müllers doch gekränkt!» wandte Frau Schulze ein, womit sie sich ebenfalls gründlich täuschte.

Was war geschehen? Beide Familien wollten sich gegenseitig eine Freude machen, aber beide ließen ihre eigenen Bedürfnisse außer acht. Zumindest nahmen sie sie nicht ernst genug. Sie motivierten ihre Handlungsweise jeweils *vom anderen her*. Sie wollten die Gegenseite nicht kränken. Und was war der Erfolg?

Als Schulzes sich schließlich durchgesetzt hatten und gegangen waren, atmeten Müllers erleichtert auf. Aber es gab weitere Minuspunkte. Es mußte abgeräumt, aufgeräumt und alles für die ursprünglichen Erledigungen wieder hergerichtet werden. Dabei fehlte es nicht an abschätzigen Bemerkungen. «Sie hätten den Besuch doch vorher ankündigen können!» «Sie sind immer so aufdringlich!» «Hast Du auf ihr Kleid geachtet? Das steht ihr doch überhaupt nicht!» usw.

Auch Schulzes hatten weitere Minuspunkte wegzustekken, nicht nur den Strafzettel. «Du hättest hier den Wagen eben nicht hinstellen sollen! Du weißt doch, wie Müllers in ihrer

Freundlichkeit zudringlich sind!» «Ich möchte in dem Haus nicht wohnen!» «Nun sind wir über eine Stunde im Verzug mit unserem Programm!» usw.

Was ist die Moral von der Geschichte?

Es ist einfacher und befriedigender, nicht vom anderen her zu leben, sich nicht herumkriegen zu lassen, sondern aufrichtig zu sagen, was man meint und dazu zu stehen, gegebenenfalls Kompromisse auszuhandeln, in denen man sich und seinen Standpunkt mit Nachdruck vertritt.

Wir werden öfter auf dieses Beispiel zurückkommen.

Auf Wiederhören!

«Das Fünfminutenprogramm»

Wie jedesmal, wenn Sie eines dieser Tonbänder abhören, verbinde ich mit meiner herzlichen Begrüßung den Vorschlag, daß Sie sich ordnen. Setzen Sie sich also bequem und innerlich aufrecht hin, stellen Sie beide Füße auf den Boden und denken Sie daran, mit jeder Ausatmung einen Impuls zur Lösung unnötiger Muskelspannungen zu geben. Mit jeder Einatmung lassen Sie Ihren ganzen Organismus von der Sauerstoffwolke durchwehen, die gleichbedeutend ist mit neuem göttlichen Leben.

Dieses Tonband handelt vom Fünfminutenprogramm und ist nicht für jeden meiner Patienten bestimmt. Nur wenn Schwierigkeiten beim Lesen und Erfassen von Texten vorliegen, wird das Fünfminutenprogramm als eine Lesediät verordnet.

Seine Durchführung ist in der Regel auf einen Urlaub beschränkt, das heißt, auf eine Zeit, in der alles übrige Lesen von Geschäftsvorgängen, Zeitungen, Illustrierten usw. unterbleiben kann.

Es ist zweckmäßig, alle erforderlichen Vorbereitungen bei Beginn dieser Lese-Diät-Kur abgeschlossen zu haben.

Zu den Vorbereitungen gehört es, sich fünf Wissensgebiete auszuwählen, mit denen Sie sich ein wenig vertraut machen möchten, beispielsweise Physik, Chemie, Architektur, Religion, Geschichte, Kunstgeschichte oder was auch immer.

Sobald Sie sich entschieden haben, empfiehlt es sich, mehrere Buchhandlungen aufzusuchen und sich allgemeinverständliche Einführungen in die von Ihnen gewählten Fachgebiete vorlegen zu lassen. Schließlich kaufen Sie sich für jedes Ihrer fünf Gebiete *das* einführende Buch, das nicht zu kurz gehalten, aber auch nicht zu dick ist, das Ihnen zusagt und sozusagen gut in Ihrer Hand liegt. Als nächstes brauchen Sie ein Fremdwörterbuch, ein Konversationslexikon, ein Vokabelheft im DIN-A6-Format, eine Uhr mit großem Zifferblatt und gut erkennbarer Minutenteilung sowie zwei Kerzen in ihren Haltern, Zündhölzer und einen Schreibstift. Die Übungszeit beträgt eine halbe Stunde. Sie sollte am besten frühmorgens eingeplant werden, so daß weder andere Familienmitglieder darunter zu leiden haben, noch daß Sie selbst irgendwelchen Störungen ausgesetzt sind.

Die Übungen sollen sechsmal wöchentlich zu täglich gleichbleibender Zeit durchgeführt werden.

Wie bei allen Alleinübungen, die Sie im Zusammenhang mit Ihrer hiesigen Behandlung praktizieren, empfehle ich Ihnen, vorerst nicht mit anderen darüber zu sprechen, um nichts zu zerreden, sondern sich selbst voll und ganz dem inneren Geschehen auszusetzen, das durch dieses Exerzitium ausgelöst wird. Exerzitium heißt rituelle Übung und besagt soviel wie eine gleichbleibend wiederholte, sinnbezogene Handlung.

Nehmen wir einmal an, Sie haben alle Vorbereitungen getroffen, haben auch einen Raum dafür, in dem Sie beispielsweise von 6.30 bis 7.00 Uhr ungestört üben können, dann stelle ich mir den Übungsablauf folgendermaßen vor: Sie haben Ihre Morgentoilette beendet, setzen sich an Ihren Tisch, auf den Sie die fünf Fachbücher und die beiden Lexika gelegt haben. Die Kerzen sind angezündet. Nun machen Sie sich bewußt, daß die Bücher, die jetzt vor Ihnen liegen, in den Erfahrungen aller vorausgegangenen Generationen wurzeln. Das Blut, das in Ihren Adern fließt, ist auch das Blut Ihrer Ahnen, von deren mühevoll zusammengetragenem Wissen diese Bücher Zeugnis ablegen. Vielleicht stellen Sie sich einen gewaltigen Baum vor, der mit seinen Wurzeln, die ihn tragen, weit in die Erde greift, und geben sich der Phantasie hin, selbst dieser Baum zu sein.

In dem Bewußtsein, daß Sie selbst eingebettet sind in diesen Traditionsstrom, der ein Teil Ihres Lebensgrundes ist, schließen Sie einen Moment Ihre Augen und deuten mit einer kleinen Verneigung Ihres Kopfes an, daß Sie Anschluß finden möchten an das Wir, das uns alle umfängt.

Dann schlagen Sie das erste Buch auf, blicken auf die Uhr und beginnen von Anfang an Wort für Wort zu lesen. Die Aufgabe lautet jetzt, kein Wort zu überlesen, dessen Bedeutung Ihnen nicht völlig klar ist. Es gilt also, das Bewußtsein dafür zu schärfen, wo einzelne Worte mit einem Nebel von

Halbverständnis umgeben sind. Sobald Sie auf ein solches Wort stoßen, halten Sie mit Lesen inne, schreiben das Wort in Ihr Vokabelheft, schlagen es im Fremdwörterbuch und im Lexikon nach und tragen sich das Aufgefundene in Ihr Vokabelheft ein. Dabei kann es vorkommen, daß Sie in den Lexika auf Begriffe stoßen, deren Bedeutung Ihnen gleichfalls nicht ganz klar ist. Dann tragen Sie auch diese in das Vokabelheft ein usw.

Es kann durchaus passieren, daß Sie in den ersten Tagen nur wenige Zeilen vorankommen. Das wäre sogar ein besonders gutes Zeichen dafür, daß Sie wachen Geistes und ernsthaft an diese Diätkur herangehen. Wichtig ist nun vor allem, daß Sie pünktlich nach fünf Minuten das Buch zuklappen, auch wenn Sie mitten in einem Satz sein sollten. Sie legen das Buch zur Seite, nehmen das nächste Buch, machen Ihre Verneigung, schlagen es auf, blicken auf die Uhr und weiter geht es, wie besprochen.

In dieser Weise verfahren Sie fünf mal fünf Minuten, dann waren alle fünf Fachbücher dran. Mit den jeweiligen Vor- und Nachbereitungen macht das insgesamt eine halbe Stunde aus. Bedingung ist, daß Sie der mit der Zeit stärker werdenden Versuchung widerstehen, doch weiterzulesen oder über Tag nochmal das eine oder andere Buch zur Hand zu nehmen.

Erinnern Sie sich dann daran, daß diese Übung eine Lese-Fasten-Übung ist, mit dem Ziel, die Appetenz auf diesem Gebiet zu steigern.

Der Verlauf zeigt in der Regel, daß die Aufgabe anfangs sehr mühevoll ist und keinen Spaß bringt. Das Vokabelheft, das Sie bitte stets bei sich führen, um bei jeder nur möglichen Gelegenheit darin zu lesen, wird anfangs reichlich beschrieben. Aber dabei tritt relativ rasch eine Sättigung ein. Der benutzte Wortschatz erweist sich als begrenzt und überschaubar.

Nach 10–12 Tagen pflegt ein erstaunliches Phänomen aufzutreten, nämlich daß Sie den Eindruck gewinnen, die fünf Bücher würden in einem inneren Zusammenhang stehen. Gedanken des einen Buches klingen plötzlich auch in einem anderen an.

Wenn sich dieser Eindruck verstärkt, frühestens jedoch nach 2 1/2 Wochen, dürfen Sie auch zu anderen Tageszeiten in den Büchern weiterlesen, wie es Ihnen gefällt. Lassen Sie sich dabei von Ihrem Appetit leiten.

Übernehmen Sie sich dabei nicht, sondern hören Sie dann mit dem Lesen auf, wenn Ihnen das Gelesene gerade besonders interessant oder auch spannend vorkommt.

Ich wünsche Ihnen guten Erfolg. Bitte berichten Sie mir, wenn Sie das Fünf-Minuten-Programm durchgeübt haben, und erzählen Sie mir, wie es Ihnen dabei ergangen ist.

Auf Wiederhören!

«Wunschzettel»

Dieses Tonband handelt vom Wünschen, insbesondere von Wunschzetteln und von Geburtstagsfeiern innerhalb einer A-Gruppensitzung. Ich begrüße Sie herzlich und ermuntere Sie, sich aufzurichten und einen tiefen Atemzug zuzulassen.

Es gibt eine weit verbreitete Gehemmtheit, die uns wegen ihrer Häufigkeit kaum noch auffällt, und die praktisch bei jeder Neurose anzutreffen ist. Es handelt sich um die Erschwerung, Bitten zu äußern. Wer davon betroffen ist, sagt beispielsweise nicht: «Bitte reiche mir die Butter!» oder «Bitte schließe die Tür!», sondern «Könntest du mir mal eben die Butter geben?», oder «Würdest du die Tür bitte zumachen?»

Das heißt, die Bitten werden in Fragen umgewandelt und obendrein in der Konditionalform vorgebracht.

Oder sie kommen verspätet als Vorwürfe zum Vorschein: «Warum siehst du eigentlich nicht, daß ich die Butter nicht erreichen kann?» «Kannst du nicht die Tür hinter dir zumachen, wenn du hereinkommst?!»

Nun hat es die Gesellschaft Gott sei Dank so eingerichtet, daß die durch Tabudruck in den Untergrund gedrängten Bedürfnisse an irgendeinem bestimmten Tag im Jahr herausgelassen werden dürfen. Deshalb gibt es Dorffeste, Fasching und Karneval oder beispielsweise den 1. April, an dem gewisse Lügen erlaubt sind, Silvester, bei dem geknallt und gestänkert werden darf usw.

Weihnachten, Geburts- und Hochzeitstage sind ausgesprochene Wunschfeste, an denen man unaufgefordert Wünsche äußern darf, ja, bei denen man sogar nach Wünschen oder nach einem Wunschzettel gefragt wird. Mindestens für die Dauer Ihrer psychoanalytischen Behandlung empfiehlt es sich daher, daß Sie sich an solchen Festen beteiligen und, was ihre Geburtstage anbetrifft, sich wenigstens in der Abfassung eines eigenen Wunschzettels üben, und zwar auch dann, wenn Sie sich noch nicht dazu entschließen können, jemandem einen ihrer Wünsche zu äußern.

Damit wir für die analytische Arbeit vergleichbare und bilanzierbare Unterlagen bekommen, rate ich Ihnen, die Wunschzettelarbeit auf jenen Teil der Wünsche zu beschränken, deren Preise Sie angeben können. Denn es gibt viele Wünsche, wie die nach Gesundheit, Frieden, Harmonie usw., die nicht dazu geeignet sind, miteinander verglichen und ausbalanciert zu werden.

Ich schlage Ihnen vor, sich einen DIN-A4-Bogen zu nehmen und dann alle Wünsche, die Ihnen einfallen, auf die linke Seite des Blattes mit Preisangabe untereinander zu schreiben.

Auf die rechte Seite des Blattes schreiben Sie untereinander die Namen aller Personen, von denen Sie sich, Ihrer Meinung nach, etwas wünschen könnten. Und schreiben Sie hinter jeden Namen den Betrag, von dem Sie glauben, daß ihn der Betreffende in diesem Zusammenhang für Sie ausgeben würde. Das ist eigentlich schon alles.

Die linke und die rechte Spalte dürfen jederzeit ergänzt werden.

Falls Sie jemandem von den aufgeführten Personen einen Ihrer Wünsche äußern wollen, dann verbinden Sie den Wunsch mit dem Namen des Betreffenden mit einer gestrichelten Linie. Haben Sie den Wunsch der betreffenden Person tatsächlich geäußert, dann könnten Sie die gestrichelte Linie in einen durchgehenden Strich verwandeln.

Sie haben die Möglichkeit, sich mit Hilfe dieses Wunschzettels noch mehr klar zu machen. Sie können beispielsweise einen Farbstift nehmen und damit die Namen derjenigen Personen unterstreichen, von denen Sie glauben, bisher mehr bekommen zu haben, als Sie ihnen gegeben haben. Mit einer anderen Farbe kennzeichnen Sie diejenigen, die von Ihnen mehr bekommen haben als umgekehrt.

Für den Fall, daß Sie Ihren Geburtstag im Rahmen Ihrer Agmap-Gruppe feiern wollen, gelten folgende Regeln:

Eine solche Feier kann nur im Rahmen einer A-Gruppensitzung erfolgen.

Sie müßten dann in der vorhergehenden A-Gruppensitzung die Gruppe zu der gewünschten Feier einladen, indem Sie der Gruppe sagen, zu was Sie sie einladen wollen, zu

Sprudel oder zu Kaffee und Kuchen, oder zu Appetithäppchen und einem Glas Wein, oder zu was auch immer, je nachdem, wieviel Sie dafür auszugeben gewillt sind. Diesen Betrag müßten Sie dabei angeben.

Die Gruppenteilnehmer, darunter auch ich, werden sich dazu äußern. Sie werden sagen, was sie nicht oder was sie statt dessen lieber möchten. Wenn dieser Rahmen geklärt ist, steht es Ihnen frei, jedem einzelnen einen Wunsch mit Preisangabe zu äußern. Auch dazu kann selbstverständlich jeder Stellung nehmen.

Da es vereinbart ist, daß in den Gruppen zwar grundsätzlich jeder Wunsch geäußert werden kann, ohne daß er erfüllt werden darf, ist so eine Geburtstagsfeier davon eine Ausnahme. Sie fragen also die Gruppe, ob sie die Einladung annimmt. Wenn auch nur ein Gruppenmitglied verneint, gilt die Einladung als abgelehnt, weil wir alle unsere Schritte grundsätzlich nur einvernehmlich ausführen. Nimmt die Gruppe Ihre Einladung an, dann haben Sie sich damit verpflichtet, das Angebotene zu der Geburtstagsfeier einzubringen. Die Gruppenmitglieder sind dann Ihre Gäste, die die Freiheit behalten, Ihnen das Gewünschte *nicht* zu schenken. Wer Ihnen das Geschenk mitbringt, darf Ihnen *nur* das Gewünschte, nichts Anderes, nichts Besseres, nichts Schlechteres schenken. Es darf nur der von Ihnen bezeichnete Gegenstand zu dem von Ihnen genannten Preis sein.

Ich selbst werde bei einem solchen Anlaß grundsätzlich ohne Geschenk kommen, um keine Eifersuchts- und Neidimpulse mit meiner Funktion zu verknüpfen. Gleichzeitig werde ich damit diejenigen ermutigen, die dabei sind, sich im Neinsagen zu üben und deshalb kein Geschenk mitbringen.

Wenn Sie Ihre Einladung und Ihre Wünsche ausgesprochen haben, werden wir die Preise Ihrer geäußerten Wünsche addieren und mit dem Aufwand vergleichen, den Sie das Ganze kosten wird. Wenn der Wert Ihrer Wünsche den beabsichtigten Aufwand um etwa ein Viertel übersteigt, dann werde auch ich meine Zustimmung zu Ihrer Geburtstagsfeier geben.

Eine solche in unserer Arbeit einbezogene Geburtstagsfeier ist für Sie und Ihre Gruppenkollegen eine weitere Chance, vielerlei zu üben, sich mit ungewohnten Umgangsformen vertraut zu machen und folglich Ängste zu überwinden. Ich hole Sie als Erste(n) ins Sprechzimmer, so daß diesmal Sie als

Gastgeber(in) Ihre Gruppenkollegen und mich aus dem Wartezimmer hereinbitten. Wir alle, als Ihre geladenen Gäste, beglückwünschen Sie, danken für die Einladung und überreichen, falls wir es haben, das Gewünschte. Sie üben sich in der Gastgeberrolle und üben sich gemeinsam mit Ihren Gästen im «small talk», das heißt, Sie führen ernsthaft unverfängliche Gespräche über das Wetter oder den Straßenverkehr. Diese traditionsreiche Unterhaltungsform dient im Alltag dazu, daß sich jede beteiligte Person unabhängig von ihrer Bildung, ihrer Nationalität und ihrer sozialen Stellung gleichermaßen am Gespräch beteiligen und die anderen Gesprächspartner kennenlernen kann. Die Small-talk-Technik ist für den Alltagsgebrauch in entsprechenden Situationen unentbehrlich und deshalb wert, geübt zu werden. Als Gastgeber bewirten Sie dann Ihre Gäste mit dem Ziel, daß alle sich gut aufgehoben und wohl fühlen. Sie haben die Geschenke entgegengenommen und sich möglichst gemerkt, für welches Geschenk Sie sich bei wem nachher bedanken werden.

Wenn wir in dieser Weise etwa eine Viertelstunde lang Geburtstag gefeiert haben, verläuft die A-Gruppensitzung weiter, wie sonst üblich. Dann werden die Träume erzählt und bearbeitet, wobei die Stimmung oft aufgelockert und noch aufgeschlossener ist als sonst. Selbstverständlich wird dabei der Verzehr von Speis und Trank bis zum Ende der Sitzung fortgesetzt.

Sie werden sehen, wie gut es Ihnen bekommt, konsequent das Bitten zu üben. Ich rufe Ihnen ins Gedächtnis, was wir schon oft ausgesprochen haben, nämlich daß Bitten meist erfolgreich sind, wenn sie mit der Anrede und dem Anblicken des Angeredeten beginnen. Sie enden nicht mit einem Frage-, sondern mit einem Ausrufezeichen.

«Bitte, meine Liebe, mein Lieber, drücken Sie nun die Stop-Taste!»

Auf Wiederhören!

«Kommunikationsübungen I»

Dieses Tonband ist das erste von einer fünfteiligen Serie mit der Überschrift «Kommunikationsübungen».
 Ziel dieser Serie ist es, daß Sie durch Verhaltensübungen mehr Sicherheit, Wachheit und Selbstbewußtsein im Umgang mit anderen Menschen gewinnen. Dieses Ziel wird nicht durch das Anhören des Tonbandes erreicht, sondern allein dadurch, daß Sie die Übungen, die ich Ihnen beschreiben werde, tatkräftig und regelmäßig durchführen.
 Sie haben sich entschlossen, dieses Band jetzt abzuhören. Dazu begrüße ich Sie herzlich und hoffe, daß Ihnen auch dieses Kapitel guttun wird.
 Ich habe Ihnen im vierten Teil von «Stuhl und Decke» erläutert, wie Gehemmtheiten durch psychoanalytische Arbeit wieder aufgehoben werden könnten: Als erstes ist die Einsicht erforderlich, daß man sich ein falsches Verhalten eingeübt hat. Als zweites muß man ein gesundes Verhalten ermitteln und einüben und auf die Anwendung des falschen Verhaltens verzichten. Die Gewichtigkeit der Einsichten und die Gewichtigkeit des Handelns müßten sich die Waage halten.
 Es ist Ausdruck tiefgreifender Balancestörungen, wenn jemand nicht weiß, was er tut; wenn kopflos gehandelt wird.
 Das gleiche gilt, wenn jemand nicht tut, was er weiß. Dann wirkt sich die Einsichtslast schließlich lähmend aus, so daß der davon Betroffene sich immer weniger dazu aufraffen kann, seinen Einsichten gemäß zu handeln.
 Nun kann man aber nicht ohne weiteres ein als falsch erkanntes Handeln durch ein besseres ersetzen, wenn es autodestruktiv, also gegen einen selbst gerichtet gewesen ist. Dazu ist es in der Regel unerläßlich, sich erst einmal mit sich dort auszusöhnen, wo man sich womöglich immer und immer wieder verletzt hat.

Ehe wir uns nun den Kommunikationsübungen mit anderen Personen zuwenden, beschäftigen wir uns mit einer Atemübung, die unser Verhältnis zu uns selbst und damit unsere eigene Ausgangslage verbessern wird. Üben Sie am besten jetzt gleich mit. Versuchen Sie jetzt, bei der Ausatmung möglichst viele Spannungen in Ihrem Körper zu lösen. Einfach loslassen!

Arme und Beine, den Unterkiefer, die Zunge, alles einfach lösen.

Dann warten Sie ab, was geschieht, und siehe da! Es geschieht das Wunder, daß die neue Einatmung ganz ohne Ihr Zutun kommt und Sie mit neuem Leben erfüllt. So ähnlich ist es auch, wenn wir morgens erwachen. Unser Bewußtsein weckt uns ganz von selbst von innen her und läßt uns den neuen Tag erleben.

Es empfiehlt sich, wie Sie auch in den Büchern von Graf v. Dürckheim nachlesen können, mehrmals am Tag ganz einfach einige Minuten aufrecht zu sitzen. Man setzt sich dabei ganz bequem auf einen Stuhl, am besten ohne Lehne, richtet sich auf, so daß man nicht auf dem Steißbein sitzt, sondern so, daß man mit dem Steißbein wedeln könnte, wie ein Hund mit seinem Schwanz wedelt. Dann richtet man sich innerlich immer noch weiter ganz auf. Und bei der Ausatmung denkt man, daß die Ausatemkraft den Unterleib ein klein wenig nach unten drängt. Unser Becken heißt vermutlich deshalb Becken, weil es das große Gefäß ist, in dem unsere Eingeweide ruhen dürfen.

Wenn uns dann die neue Einatmung geschieht, dann baut sie sich vom Becken her auf.

Die Atembewegung wird durch die Vorstellung gefördert, daß der Atem von unten her neben der Wirbelsäule emporsteigt, die Brust erfüllt und uns bis oben zum Hinterhaupt aufrichtet.

Es ist vielleicht ungewöhnlich, sich vorzustellen, daß der Atem, der ja durch die Nasenlöcher einströmt, den Körper dennoch von unten her erfüllt. Es scheint viel einfacher zu sein, sich irrtümlicherweise vorzustellen, daß der Atem von oben nach unten strömt und den Leib von oben nach unten hin erfüllt.

Denken Sie bitte an ein alltägliches Beispiel: Wenn Sie einen Topf unter die Wasserleitung halten, dann strömt das Wasser auch von oben in den Topf ein. Aber der Topf füllt sich von unten nach oben, vorausgesetzt daß er einen Boden hat. Dieser Boden im menschlichen Leibe ist das Becken. Wenn wir mit der Kraft der Ausatmung unsere Eingeweide ein wenig in das Becken hineingeben, dann verdeutlicht sich die Wahrnehmung von einem Boden. Das Bewußtsein von unserem Beckenboden hilft uns bei der Vorstellung, daß die Einatmung, wenn sie dann wieder von selbst wie ein Gnadengeschenk in uns einströmt, daß diese Einatmung von unten her unseren Organismus erfüllt bis zum Hinterkopf hinauf.

So sitzt man einige Minuten und achtet darauf, daß man bei der Ausatmung sich einfach hingibt und die Eingeweide in das Becken hineinsinken läßt. Die Augen kann man dabei eine Spur weit geöffnet lassen. Versuchen Sie, jetzt auch den Unterkiefer schön locker zu lassen!

Heben Sie Ihre Zungenspitze etwas an und sehen Sie mit den nicht ganz geschlossenen Augen ganz freundlich lächelnd ins Unendliche.

Ich gehe davon aus, daß Sie das alles gleich probieren, während ich hier zu Ihnen spreche. Sie sind dabei ganz frei und können Ihre Körperhaltung gegebenenfalls jederzeit korrigieren. Setzen Sie beide Fußsohlen auf den Fußboden, so daß die Beine senkrecht stehen. Richten Sie Ihren Körper ganz auf! Lassen Sie mit der Ausatmung den Unterleib etwas mehr nach vorn und unten sinken! Drehen Sie Ihr Becken ein ganz klein wenig nach vorn abwärts. Das geht am besten dadurch, daß Sie sich vorstellen, Ihr Steißbein ein wenig höher zu heben, als wollten Sie damit wedeln.

Entlassen Sie einfach alle Verspannungen in die Ausatmung hinein. Und haben Sie den Mut, nicht gleich wieder Luft willkürlich hereinzuziehen. Lassen Sie die Einatmung von selbst kommen wie ein Geschenk. Vielleicht bemerken Sie, wie die Einatmung Ihren ganzen Körper mit neuem Leben erfüllt: Vom Steißbein aufwärts bis zum Brustbein und zum Hinterkopf.

Wenn Sie in Ihrem Alltag diese Übung zwei bis drei Minuten lang geübt haben, können Sie ohne weiteres wieder aufstehen und Ihre jeweilige Tätigkeit fortsetzen. Sie werden erstaunt sein, daß Sie jedesmal etwas von der Ruhe, Geborgenheit und Zuversicht behalten, die Ihnen aus dieser Atemübung erwächst.

Als nächstes gebe ich Ihnen einige Anmerkungen zum Üben im allgemeinen. Wenn man sich einer analytischen Psychotherapie unterzieht, dann entsteht oft das Mißverständnis, daß man alles durch seine Einsicht ändern könne. Es komme nur darauf an, die Zusammenhänge für das eigene gestörte Verhalten einzusehen und schon werde damit alles anders.

Leider ist dem nicht so. Zwar ist die Einsicht in eigenes Fehlverhalten wichtig. Sie ist eine hilfreiche Voraussetzung für unsere Übungen. Aber der erwünschte Wandel vollzieht sich erst, indem wir uns ein neues Verhalten einüben.

Sobald wir nämlich zu der Einsicht gelangt sind, daß wir uns selbst und anderen hier und da Unrecht tun, dann müßten wir, wenn wir gesund werden wollen, sogleich mit Verzichten auf das als falsch erkannte Verhalten reagieren. Und wir müßten sofort anfangen, ein neues, gesünderes Verhalten an die Stelle des krankmachenden alten zu setzen. Das bedeutet, daß wir üben müssen.

Ihnen ist erinnerlich, daß Sie am besten keine Behandlungssitzung verlassen, ohne zu einer gewissen Klarheit darüber gelangt zu sein, welche Übung nun neu für Sie ansteht. Sie können sich darüber eine Notiz auf Ihrem «Rezept für Allein-Übungen» machen. Am besten wäre es natürlich, wenn Sie es zu jeder Sitzung mitbringen würden. Dann könnten Sie in jeder Behandlungsstunde alle Schwierigkeiten, die beim Üben aufgetreten sind, erörtern, könnten Mißverständnisse aufklären und sicher sein, daß Ihre aktuellen Übungen richtig gewählt und für Ihren Behandlungserfolg wichtig sind.

Diese fünf Kurztonbänder, die Sie mit Kommunikationsübungen vertraut machen sollen, zielen darauf ab, Ihre Kommunikationsfähigkeit mit anderen Menschen zu verbessern.

Ich rate Ihnen, diese Tonbänder einzeln mit mir persönlich durchzusprechen und sie nicht einfach nur der Reihe nach abzuhören. Außerdem empfiehlt es sich, daß Sie das jeweils nächste Übungsband immer erst dann abhören, wenn Sie mit der vorigen Übung einigermaßen zurechtgekommen sind.

Da wir, wie Sie wissen, uns möglichst immer erst an die eigene Nase fassen, soll die Kommunikation mit dem eigenen Leib Inhalt dieses ersten Teils sein.

Bitte richten Sie sich zum Abschluß noch einmal auf. Geben Sie zugleich mit Ihrer Ausatmung die Eingeweide etwas weiter nach unten in Ihr Becken und genießen Sie Ihre lockeren Schultern, wenn beim nächsten Atemzug Ihr ganzer Körper sich wieder füllen lassen darf mit neuer Lebenskraft.

Auf Wiederhören!

«Kommunikationsübungen II»

Ich begrüße Sie herzlich.
Bitte machen Sie es sich bequem, stellen Sie beide Füße auf den Boden. Richten Sie sich auf. Lächeln Sie hinter den Ohrmuscheln und geben Sie alle möglichen Fehlspannungen in die Ausatmung hinein. Einfach alles lösen! Sie kennen ja diese Atemübung inzwischen und schalten sie einfach ein.

Dieses Tonband ist der zweite Teil von den «Kommunikationsübungen». Die Übung, von der jetzt die Rede sein wird, bezieht sich auf den Umgang mit anderen Menschen. Dazu ist wichtig, sich noch einmal zu vergegenwärtigen, daß man sich immer erst an die eigene Nase fassen, immer erst vor der eigenen Tür kehren soll, ehe man sich um das Fernerliegende kümmert. Das Ordnen im Berufsleben, im Freundes- und Bekanntenkreis, das Ordnen in der eigenen Familie und in den persönlichen Angelegenheiten kommt immer erst viel später in Betracht als das Ordnen im eigenen Innern.

Die Beziehungen zu anderen Personen gelingen uns erst, wenn unsere Beziehungen zu uns selbst in Ordnung gekommen sind.

Ich habe Ihnen schon öfter zu zeigen versucht, daß jedermann sein eigener Nächster ist, daß man sich selbst und damit auch seinen Leib nicht quälen, nicht ärgern darf, sondern daß unsere vornehmste Aufgabe darin besteht, Väterlichkeit und Mütterlichkeit im Umgang mit sich selbst und mit dem eigenen Leib zu entfalten. Erst, wenn das geschehen ist, wenn Sie sich auf einen freundschaftlichen Umgang mit sich und dem eigenen Leib eingestellt haben, wenn Sie täglich, halbtäglich, stündlich, vielleicht viertelstündlich immer wieder einmal einen Augenblick innehalten, um sich Ihnen selbst warmherzig zuzuwenden, wenn Sie Ihren eigenen Vornamen liebevoll denken, vielleicht aussprechen oder gar niederschreiben, wenn Sie es fertigbringen, da wo Ihr Körper versagt, sich Trost zu spenden, dann hat es Sinn, sich jetzt auch Ihrem Umgang mit anderen Menschen zu widmen.

Sobald wir zu hohe Ansprüche an unser Können stellen, werden wir dadurch in unserem Üben beeinträchtigt. Wenn beispielsweise ein Kind Klavier spielen lernt, dann ist es gut, wenn es täglich übt. Von Zeit zu Zeit gibt es Gelegenheiten für kleine Aufführungen, etwa wenn Besuch da ist oder wenn das Kind bei kleinen Familienfesten etwas vorspielen darf. Bei diesen Gelegenheiten will es dann zeigen, welchen Grad von Können es bereits erworben hat. Bei den Übungsstunden hingegen, in denen das Kind sich seine Fertigkeiten erst aneignet, kann es nicht darum gehen, daß es sich beweist, was es jetzt schon kann, sondern daß es sein Nichtkönnen geduldig übend angeht. Das Nichtkönnen ist etwas außerordentlich Wichtiges in unserem Leben. Es ist wie ein Acker nach dem Winter, bereit, Frucht zu empfangen und Frucht hervorzubringen. Das Nichtkönnen ist die Basis für alles spätere Können, das sich daraus entwickeln wird.

Bei den folgenden Übungen unterstellen wir, daß Sie Schwierigkeiten im Umgang mit anderen Menschen haben. Wir setzen einfachheitshalber keine Vorkenntnisse voraus, sondern gehen unbekümmert und ohne Vorurteile an die Übungen heran.

Die erste Übung besteht darin, etwa fünfzigmal Menschen auf der Straße anzusprechen, indem Sie sie um etwas bitten oder nach etwas fragen, beispielsweise nach der Uhrzeit oder nach dem Weg. Um diese Übung vorzubereiten, setzen Sie sich zu Hause hin, schreiben sich ein paar Formulierungen auf und lernen sie auswendig! Eine solche Bitte lautet beispielsweise: «Bitte seien Sie so freundlich und sagen Sie mir, wie spät es ist!» Oder «Bitte sagen Sie mir, wie ich zum Hauptbahnhof komme!»

Oder Sie stellen Fragen: «Entschuldigen Sie bitte! Wo geht es zum Hauptbahnhof?» «Können Sie mir sagen, wie spät es ist?» usw.

Denken Sie sich zehn bis zwanzig solcher Bitten und Fragen selbst aus. Es geht dann um folgendes: Sie sollen die Personen, die Sie ansprechen wollen, schon aus hundert Meter Entfernung aus den Menschen auswählen, die Ihnen entgegenkommen. Bitte wechseln Sie dabei ab. Wählen Sie nach einem jungen Mann einen älteren, nach einer jungen Frau eine ältere und umgekehrt.

Nehmen wir einmal an, es ist jetzt ein älterer Mann an der Reihe. Dann haben Sie sich schon in hundert Meter Entfernung für ihn entschieden. Und während der hundert Meter, die sie sich nun einander nähern, sollen Sie sich eingehend für diesen Mann interessieren. Sie sollen sehen, wie er geht, wie er gekleidet ist, möglichst sich auch vorstellen, was er für Bedürfnisse hat, ob er gerade gegessen hat oder nicht. Ob er schon zur Toilette gegangen ist oder nicht. Ob er zärtliche oder sexuelle Bedürfnisse hat oder nicht. Solche Gedanken sollten Sie in Ruhe ausphantasieren. Sie sollten auch darauf achten, wie er sich bewegt. Vor allem aber sollen Sie genau beobachten, wie er reagiert, wenn Sie nun auf ihn zugehen und Ihre Frage bzw. Ihre Bitte an ihn richten.

Es kommt bei dieser Übung nicht darauf an zu kontrollieren, ob Sie richtig fragen oder richtig bitten. Und es kommt auch nicht darauf an zu kontrollieren, was er Ihnen für eine Antwort gibt. Es kommt darauf an, in aller Ruhe und Muße die Körpersprache und das Verhalten dieses Menschen zu beobachten von dem Augenblick an, wo Sie sich für ihn entschieden haben, bis zu dem Augenblick, wo Sie sich wieder voneinander lösen.

Da gibt es die verschiedensten Reaktionen: Sachlichkeit, freudige Überraschung, Unwirschheit, Schreck, Ängstlichkeit und anderes mehr. Sie werden ja sehen!

Der nächste Partner ist dann eine ältere Frau. Dann kommt ein jüngerer Mann, eine jüngere Frau oder ein junges Mädchen, dann wieder ein älterer Mann usw.

Jedesmal wenn Sie eine solche Übung ausgeführt haben, nehmen Sie Ihren Zettel aus der Tasche und machen darauf einen Strich. Dann können Sie abzählen, wann Sie fünfzig dieser Übungen gemacht haben.

Sind Sie zu Hause angekommen, dann setzen Sie sich einen Augenblick an einen Tisch, zählen die Striche und versuchen, sich in Gedanken noch einmal genau Ihre Übungspartner und deren Reaktionen zu vergegenwärtigen. Wenn Sie diese Übung fünfzigmal durchgeführt haben, dann werden Sie auf dem Wege zu einer ungezwungenen, freien und ebenbürtigen Partnerbeziehung schon ein gutes Stück vorangekommen sein. Erst dann hat es Sinn, daß Sie den nächsten Teil der Kommunikationsübungen abhören, in dem ich Ihnen weiterführende Übungen beschreiben werde. Also: Nur Mut!

Auf Wiederhören!

«Kommunikationsübungen III»

Ich begrüße Sie beim dritten Teil der Kommunikationsübungen. Ziel ist, dadurch einen freieren Umgang mit anderen Menschen zu finden.

Wie immer, wenn Sie sich mit inneren Angelegenheiten, ich meine mit Ihrem eigenen Weg beschäftigen, dann richten Sie sich bitte auf, setzen Sie beide Füße mit den Fußsohlen auf den Boden und denken Sie daran, daß das Atmen eine der grundlegenden Möglichkeiten ist, sich innerlich zu ordnen. Das Sich-selbst-Ordnen ist die Grundlage für jegliche Ordnung in Ihrem Leben. Geben Sie sich mit der Ausatmung ganz hin. Lassen Sie sich mit all Ihren Sorgen einfach los und geben Sie ausatmend Ihre Innereien ein wenig mehr in das kleine Becken hinein.

Mit der Ausatmung lassen Sie auch Ihre Schultern fallen. Nehmen Sie die Schulterblätter hinten am Rücken ein wenig nach unten zusammen! Lassen Sie den Unterkiefer los. Heben Sie die Zungenspitze etwas an und schauen Sie lächelnd vor sich hin ins Unendliche. Wenn Sie dann einfach abwarten, dann kommt die neue Einatmung wie ein Geschenk als neues Leben und erfüllt Ihren ganzen Körper von unten aufsteigend bis nach oben zum Hinterhaupt.

Vielleicht ist Ihnen, als Sie die vorigen Übungen fünfzigmal ausgeführt haben, deutlicher und auf neue Weise bewußt geworden, daß es außer Ihnen auch noch andere Menschen gibt.

Ihre Umwelt besteht nicht bloß aus toten Gegenständen um Sie her, die man benutzen kann oder vor denen man vielleicht Furcht haben muß. Sie werden, wenn Sie richtig geübt haben, zu sich und zu anderen Menschen ein neues Verhältnis gefunden haben in Ihrem Innern.

Die nächsten Übungen sind Löseübungen, nämlich sich von einem anderen Menschen wieder zurückzunehmen, sich von ihm zu lösen. Und auch diese Übungen sollen oft, etwa zwanzig- bis fünfzigmal ausgeführt werden.

Sie beginnen genauso wie bisher. Sie werden eine Frage an einen jedesmal anderen fremden Menschen richten und dabei die befragten Partner in der gleichen Weise abwechseln, wie Sie das bisher schon gelernt haben. Ein erster Unterschied besteht jedoch darin, daß Sie die Menschen diesmal nicht aus denjenigen auswählen sollen, die Ihnen entgegenkommen, sondern aus denjenigen, die mit Ihnen in gleicher Richtung gehen. Die Frage, die Sie dann stellen, soll in die Richtung führen, in die Sie und der andere Mensch gehen. Das heißt, Sie können beispielsweise, wenn Sie in Richtung Hauptbahnhof gehen, den anderen Menschen fragen: «Ist das hier der richtige Weg zum Hauptbahnhof?» Oder Sie könnten ihn vielleicht fragen: «Wo ist hier die nächste Apotheke?»

Die Fragen sollten Sie wieder selbst vorher zu Hause formulieren und im einzelnen bedenken. Ziel dieser Fragen ist es, dem Anderen die Möglichkeit zu geben, mit Ihnen gemeinsam in Richtung des erfragten Ziels weiterzugehen. Dann kommt etwas Weiteres hinzu, nämlich daß Sie Ihre Frage mit einem Zusatz kombinieren, der sich ausschließlich beschäftigen darf entweder mit dem Wetter oder mit dem Straßenverkehr. Sie können z. B. sagen: «Bei diesem Wetter laufe ich lieber zum Hauptbahnhof. Ist das eigentlich zu Fuß sehr weit von hier?» Oder Sie können sagen: «Jetzt stehe ich schon so lange! Ehe ich noch weiter auf den Bus warte, laufe ich lieber! Es geht doch hier zum Hauptbahnhof?» Dann werden Sie erleben, daß in einigen Fällen die Betreffenden mit Ihnen ein Stück weit gemeinsam weitergehen in Richtung Hauptbahnhof. Genau hier setzt nun die Übung ein, nämlich daß Sie sich von dem Betreffenden wieder trennen, indem Sie entweder vor einem Schaufenster stehen bleiben oder etwa sagen: «Ich muß hier noch einige Besorgungen machen», oder «Da ist mir noch dies und jenes eingefallen, ich will noch dies und jenes erledigen!»

Auch diese Sätze sollten Sie für sich selbst vorher zu Hause überlegen und aufschreiben. Die Übung hat den Inhalt, das Gespräch mit dem anderen Menschen um einen Satz zu erweitern und den dadurch erzeugten Kontakt unmittelbar wieder zu lösen. Viele Menschen werden Ihnen dazu gar keine Gelegenheit bieten, weil sie sich von selbst von Ihnen trennen werden, oder aber sie werden von Anfang an keinerlei Anstalten machen, mit Ihnen gemeinsam weiterzugehen. Aber in einigen Fällen wird das doch geschehen. Dann wird der oder die Betreffende zu Ihnen sagen: «Ich gehe ja auch gerade dorthin! Gehen Sie einfach mit!»

Gezählt werden nur solche Übungen, bei denen es zu einem Kontakt und folgerichtig zu der von Ihnen bewerkstelligten Lösung kommt.

Alle Versuche, bei denen der Partner von sich aus die Lösung vollzieht, zählen nicht für Ihre Strichliste. Daraus ergibt sich, daß Sie für diese Übungen etwas länger brauchen werden, als für die vorigen. Die Aufgaben der vorhergehenden Übung bleiben daneben in vollem Umfang bestehen, nämlich daß Sie die Betreffenden, an die Sie Ihre Frage und Ihren Satz richten, genauestens betrachten und beobachten, vor allen Dingen zusätzlich darauf achten, wie die Betreffenden reagieren, wenn Sie sich von ihnen wieder lösen.

Es empfiehlt sich, das nächste Tonband mit der nächsten Aufgabe erst dann abzuhören, wenn sie diese mindestens zwanzig Übungen durchgeführt haben. Ich werde Ihnen dann beschreiben, wie dieser Übungsweg zu einem warmherzigen Umgang mit anderen Menschen weitergehen wird.

Bitte richten Sie sich wieder auf. Beide Fußsohlen auf den Boden stellen, das Steißbein etwas anheben, so daß Sie wedeln könnten und nun alles, was Sie innerlich beunruhigt, auch alle Fragen, die während des Anhörens dieses Bandes aufgetreten sind, mit der Ausatmung entlassen.

Geben Sie alles hin! Lassen Sie auch die Eingeweide wieder ein ganz klein wenig in Ihren Beckenraum hineinsinken.

Lächeln, ins Unendliche blicken, die Schultern fallen lassen! Dann genießen Sie, wie der neue Atemzug Sie von unten her auffüllt mit neuem Leben. Bitte vergessen Sie auch nicht, diese Atem- und Haltungsübungen möglichst oft während jeden Tages in Ihren Tagesablauf einzuschieben. Ich wünsche Ihnen recht viel Freude bei Ihren Übungen mit sich selbst.

Vergessen Sie nicht, sich immer wieder liebevoll zu trösten, wenn Ihnen einmal nicht alles ganz nach Wunsch gelingen sollte.

Auf Wiederhören!

«Kommunikationsübungen IV»

Ich begrüße Sie herzlich und hoffe, daß Sie mit den vorigen Übungen gut fertig geworden sind.

Das soll die Voraussetzung dafür sein, daß Sie jetzt den vierten Teil dieser Übungen mit mir durchgehen.

Bitte setzen Sie beide Fußsohlen auf den Boden und lassen Sie erst einmal alles los, was Sie im Augenblick bedrückt. Geben Sie Ihre Sorgen, Nöte, Gedanken und Fragen in Ihre Ausatmung hinein. Schließen Sie sich damit an das überweltliche Leben an, an das, was Sie übergreift und dessen Teil Sie sind. Sie wissen ja, daß wir alle nicht nur ein Ganzes sind, daß jeder für sich nicht nur ein Individuum ist, sondern daß wir alle auch Teil von Ganzheiten sind, die uns übergreifen. Wenn wir uns innerlich bewußt darauf beziehen, dann können wir uns dadurch erholen und regenerieren.

Also geben Sie erst einmal alle Ihre Gedanken, Sorgen und Nöte zugleich mit Ihrer Ausatmung hin. Lassen Sie Ihre Eingeweide und Ihre Organe wieder ein wenig in das Becken sinken und helfen Sie dabei mit der Kraft der Ausatmung noch ein klein wenig nach. Heben Sie Ihr Steißbein ein wenig an. Fassen Sie Ihre Schulterblätter hinten ein klein wenig zusammen. Stellen Sie sich vor, daß Ihr Bewußtsein gerade dort in Ihrem Rücken lebt, wo auf dem Pferd der Reiter sitzt.

Da nämlich befindet sich das Zwerchfell. Und dann warten Sie mutig ab, bis der neue Atemzug Sie wie ein Geschenk mit neuem, jugendlich frischem, göttlichem Leben erfüllt und zwar von unten her aufwärtssteigend bis zum Hinterhaupt. Zungenspitze loslassen, etwas anheben, Unterkiefer loslassen und freundlich lächelnd mit halb geschlossenen Augen in das Unendliche blicken.

Mit Hilfe der vorhergegangenen Übungen haben Sie offensichtlich Fortschritte erzielt. Es wird Ihnen aufgefallen sen, daß Sie die Menschen seitdem mit anderen Augen ansehen. Sie bemerken viel deutlicher als vorher, daß es Lebewesen mit eigenen Bedürfnissen, mit eigenen Sorgen, eigenen Nöten und eigenen Neurosen sind. Sie werden in zunehmendem Maße die Möglichkeit ergreifen, sich diesen Menschen liebend oder, wie wir das auch nennen, segnend zu nähern. Sie können diese anderen Menschen mit Ihrem Blick besser umfassen, Menschen, die in ähnlichen Nöten sind, wie Sie selbst, denen Sie notfalls auch zur Seite stehen, die Sie trösten und stützen können. Auch wenn Sie das vorerst nur in Ihrem Herzen empfinden, dann ist damit Ihre Einstellung zur Welt eine andere geworden.

Nun wenden wir uns der nächsten Übung zu. Sie besteht darin, daß Sie wie beim vorigen Mal mit dem Partner, den Sie ansprechen, in ein Gespräch kommen, sich diesmal aber nicht nur auf einen Satz beschränken, sondern es der Situation überlassen, dieses Gespräch über den Straßenverkehr oder das Wetter noch ein bißchen weiter auszubauen.

Ziel ist, daß Sie mit dem betreffenden anderen Menschen schließlich eine unverbindliche Verabredung eingehen. Es kommt nicht darauf an, daß der andere Mensch in die Verabredung einwilligt, es kommt bei dieser Übung nur darauf an, daß Sie ihm Ihren diesbezüglichen Wunsch äußern. Daß Sie also z. B., während Sie mit dem anderen Menschen sprechen, ihm – falls es zutrifft – mitteilen, daß für Sie dieses Gespräch ein angenehmes Erlebnis ist, und daß Sie ihn gerne wiedersehen möchten. Sie können beispielsweise sagen: «Ich komme voraussichtlich morgen um die gleiche Zeit hier vorbei! Sie auch? Ich würde mich sehr freuen, wenn ich noch einmal mit Ihnen sprechen könnte!» Sie können sich Ihre Fragen und Formulierungen am besten wieder zu Hause ausdenken und aufschreiben.

Bedingung ist aber nun, daß Sie diese unverbindliche Verabredung nicht einhalten. Falls der Gesprächspartner zugestimmt hat, Sie aber ferngeblieben sind, dann dürfen Sie auf Ihrem Zettel einen Strich machen. Sie üben, bis Sie zwanzig Striche zusammen haben. Das Lösen, das wir uns auch mit dieser Übung geläufig machen wollen, besteht darin, eine solche unverbindliche Verabredung vorzuschlagen, sie dann aber nicht einzuhalten.

Nun noch einmal bitte wieder aufrichten, beide Fußsohlen auf den Boden setzen, mit der nächsten Ausatmung noch einmal alle Fehlspannungen loslassen, auch die Ängste und Fragen, die vielleicht im Zusammenhang mit dieser Übung aufgetreten sind. Warten Sie ab, bis mit der neuen Einatmung das göttliche Leben Sie wieder neu erfüllt. Dann werden Sie zuversichtlich sein! Es wird genauso einfach und beglückend gehen, wie mit den vergangenen Übungen. Dazu wünsche ich Ihnen viel Freude und viel Glück.

    Auf Wiederhören!

«Kommunikationsübungen V»

Auf dem Wege zu besseren Partnerschaftsbeziehungen kommen wir heute zum fünften und letzten Teil unserer Kommunikationsübungen. Ich begrüße Sie herzlich! Ziel dieser Übungen ist es, daß Sie im Umgang mit anderen Menschen unbefangener werden, und daß Sie die anderen Menschen wie Ihresgleichen erleben.

Sie haben sicher bemerkt, daß es nicht so einfach war, die zwanzig Striche bei der vorhergehenden Übung zusammenzubekommen. Es hat längere Zeit in Anspruch genommen. Heute geht es nun darum, das Lösen-Üben noch weiter auszubauen. Sie beginnen genau wie bisher, allerdings in der Form schon viel freier, andere Menschen so anzusprechen, wie es Ihnen am besten gefällt. Und dieses Mal sollen Sie die jeweils von Ihnen vorgeschlagene Verabredung einhalten. Sie werden dann die Erfahrung machen, wie oft es vorkommt, daß der andere zu der Verabredung nicht erscheint. Vielleicht werden Sie darüber erstaunt sein.

Weil diese Übung wiederum Lösecharakter haben soll, kommt es nun darauf an, daß Sie sich gleich wieder von dem anderen verabschieden. Sie gehen zu der Verabredung hin. Dann sagen Sie dem Betreffenden sinngemäß: «Ich konnte Sie leider nicht benachrichtigen. Ich wollte Sie aber auch nicht versetzen. Aus diesem Grunde bin ich gekommen. Aber ich habe eine dringliche dienstliche oder sonstige Verabredung und muß leider diesmal sofort wieder gehen. Aber bitte, vielleicht können wir einen neuen Termin miteinander vereinbaren, beispielsweise morgen um die gleiche Zeit hier...» oder dergleichen, und dann gehen Sie fort.

Diese Übung hat den Zweck, daß Sie, wenn Sie zu der Verabredung erscheinen, überprüfen können, wie oft eigentlich die anderen Menschen zu solchen Verabredungen nicht kommen, und daß Sie lernen, sich dann auch gleich wieder zu lösen. Auch das muß zu Hause ausgedacht und aufgeschrieben werden: einerseits «Sie sehen, daß ich gekommen bin» und andererseits «Es ist mir etwas Dringliches dazwischengekommen. Ich muß leider für diesmal sofort wieder verschwinden».

Die Übung ist damit beendet. Sie können dann mit dem Betreffenden eine neue Verabredung eingehen, falls Sie das wollen, und dürfen nach Belieben hingehen, um die Kontakte fortzusetzen und gegebenenfalls zu vertiefen. Wenn Sie die Technik des Lösens beherrschen, dann haben Sie damit die Voraussetzungen geschaffen, selbständig Bindungen einzugehen. Bindungen gelingen Ihnen in innerer Ebenbürtigkeit erst dann, wenn das Lösen bei Ihnen in Fleisch und Blut übergegangen ist, wenn Sie nicht mehr von neurotischen Verpflichtetheitsgefühlen beherrscht werden und Sie sich die Möglichkeit erarbeitet haben, jede Beziehung zu jedem beliebigen Zeitpunkt von sich aus wieder aufzugeben. Wenn Sie diesmal zehn Striche erreicht haben, dann sind Sie imstande, mit jedem beliebigen Menschen eine Verabredung einzugehen. Selbstverständlich können Sie dann Ihre Verabredung so oft einhalten, wie Sie wollen. Sie können neue Beziehungen anknüpfen und Ihre neugewonnene Unbekümmertheit im Umgang mit Ihren Mitmenschen pflegen.

Auch diesmal wünsche ich Ihnen bei den Übungen viel Geduld und Ausdauer. Lassen Sie sich damit nicht zu lange Zeit, sondern denken Sie daran, daß es diesmal sowieso länger dauern wird, bis Sie zehn Partner getroffen haben, die zur Verabredung auch erscheinen. Nur dann, wenn es zum Lösen kommt, d. h. wenn die Verabredung von Ihnen beiden eingehalten worden ist und Sie die Gelegenheit benutzt haben, sich sogleich von dem anderen wieder zu verabschieden, gibt es einen Strich. Alsdann frisch ans Werk und recht viel Glück!

Nun bitte wieder die Fußsohlen auf den Boden setzen und alle Ihre Bedenken, Sorgen und Fragen zunächst einmal mit der Ausatmung hingeben und loslassen. Das Wichtigste ist Ihre Verbindung mit dem Sie übergreifenden Wurzelgrund unseres Lebens, dessen Teil Sie sind, dessen Teil wir alle sind. Nehmen Sie dankbar den neuen Atemzug auf, der wie ein Geschenk kommt, und beachten Sie, wie er aufsteigend von Ihrem inneren Grunde her den ganzen Leib und Organismus mit neuer Lebendigkeit und mit neuer Gesundheit erfüllt.

Auf Wiederhören!

Die Lambano-Arbeit

Die Beschreibung der Materialien und der dazugehörenden Techniken birgt zweierlei Gefahren in sich. Die eine besteht darin, daß beim Leser Vorstellungen geweckt werden, was denn nun gemacht werden soll und wie das, was gemacht werden soll, hergestellt werden kann. Diese müßige Frage führt von der Lambano-Arbeit weg zur Beschäftigungs- und Arbeitstherapie, schließlich zur Gestaltungs- und Kunsttherapie. Und genau das ist hier nicht gemeint. Wenn beispielsweise als Material Fahrräder beschrieben werden, und wenn dazu die Größe der Schraubenschlüssel angegeben wird, mit denen man die Fahrräder auseinandernehmen kann, dann ist weder davon auszugehen, daß der Patient lernen soll, Rad zu fahren, noch daß das Rad nach der Bastelei fahrfähig ist. Es geht hier nur um das Herumbasteln, um das Überwinden der Scheu, so etwas anzupacken, auseinanderzunehmen und womöglich schlecht und recht wieder zusammenzusetzen. Das Tun ist es, worauf es ankommt, nicht das äußere Ergebnis.

Die andere Gefahr besteht darin, daß der Leser glauben könnte, die aufgezeigten Möglichkeiten würden von jedem Patienten – und dann auch noch sofort – voll ausgeschöpft. Wenn man sich vorstellt, wie schwer sich nicht selten auch Psychotherapeuten tun, wenn sie vor anderen unbekümmert singen und spielen sollen, dann wird einem vielleicht klar, um wie vieles schwerer und langwieriger es ist, Patienten, die wegen schwerer Gehemmtheit behandelt werden, an einen infinalen Umgang mit Material so heranzuführen, daß sie allmählich unbekümmerter werden. Wenn hier bei der Beschreibung von Sand und Wasser davon die Rede sein wird, daß man mit nassem Sand auch gegen die dafür vorgesehene abwaschbare Wand werfen kann, daß es schön ist, dabei Namen zu rufen wie damals als Kind, als es beim Gefüttertwerden hieß: «Dies ist für Papi!» «Dies ist für Omi!» «Dies ist für Mami!» usw., dann ist immer mit zu bedenken, wieviele Sitzungen vorausgegangen sein müssen, bis sich ein gehemmter Mensch in einer gut verlaufenden Therapie darauf einlassen kann.

Bei «Ton» wird beispielsweise darauf hingewiesen, daß beim Zerklopfen alter ungebrannter Formen in die Staubwolken hinein mit phantasierten Konfliktpersonen laut geschimpft werden kann. Für den Psychoanalytiker ist es wichtig, sich vorzustellen, was zwei- bis fünfjährige Nackedeis am Strand mit Sand und Wasser alles machen, zum Beispiel «Eierpampe». Sie buddeln an der Wassergrenze ein Loch, das bei der nächsten Welle voll Wasser läuft. Dann bewegen sie mit Händen oder Füßen das Wasser zugleich mit dem aufgeschwemmten Sand in dieser Höhlung. Sie spritzen sich selbst und ihre Spielkameraden damit voll, laufen ins Meer um sich abzuspülen und von Neuem zu beginnen. Durch solche Phantasien, in denen es gar nicht wild genug zugehen kann, bereitet sich der Therapeut den erforderlichen inneren Spielraum, der als Annahmebereitschaft in ihm zur Verfügung stehen muß, um regressives Patientenverhalten mit Wohlwollen fröhlich begleiten und zugleich ausreichend zügeln zu können, um Schaden zu vermeiden.

Die Bezeichnung ‹infinales Tun› läßt das Mißverständnis zu, es könne sich um hoffnungsloses Agieren in einem Chaos handeln. Das allerdings ist nicht gemeint. Das eine Kind baut eine Höhle, das andere einen Turm. Eines buddelt, um sich ein Auto zu machen, ein anderes, um den eigenen Fuß im Sand verschwinden zu lassen. Dann tun sich zwei oder drei zusammen, und es entsteht etwas, das sie eine Burg nennen oder einen Bäckerladen.

Ziele schwirren sozusagen umher und beflügeln das Spiel, das zugleich ernsthaft betrieben wird, als wäre es Arbeit. Und dennoch nennen wir diese Betätigung infinales Tun. Denn es geht allein um den Prozeß des Geschehens, nicht um das Ergebnis, das immer eine Überraschung ist.

Gerade dann, wenn mehrere beteiligt sind, kann das Ziel beliebig oft geändert werden. Jeder strebt es auf seine eigene Weise an. Kompromisse werden erlebt, werden hingenommen oder auch durchgesetzt. Jeder schafft an *seinem* Ziel, das sich in ein gemeinsames Ziel einfügt oder auch nicht. Es geht nicht darum, daß vorher festgelegt wird, was hergestellt oder angefertigt werden soll. Da beginnt eine Gruppe mit der Buntpapier-Collagentechnik. Einer ruft: «Ich mache einen Mädchenkopf!» Da wollen alle einen Mädchenkopf machen. Jeder fängt für sich damit an. Nach kurzer Zeit sind alle gemeinsam dabei, einen Frauenakt zu komponieren. Zunächst gibt es an beiden Tischenden einen Kopf. «Ach, prima!» ist zu vernehmen. «Es wird eine Spielkarte: Herz Dame!» Da aber macht einer der Frau markante Beine und setzt sich damit durch. Eine Negerin entsteht. Und so geht es weiter.

Es könnte genausogut darum gehen, ein Stück Landschaft in ein Fußballfeld umzugestalten. Keine Rede davon, daß nun internationale Normen greifen sollen. Es wird improvisiert. Wir bauen einen Bäckerladen, ein Spielfeld, eine Burg. Oder wir kochen uns eine Suppe. Das ist mit infinalem Tun gemeint. Das Tun ist es, worauf es uns ankommt. Wenn hier von unbekümmerten Spielereien die Rede ist, darf der Leser nicht verkennen, daß die in einer lambanotherapeutischen Behandlungsstunde tatsächlich durchführbaren Schritte viel viel kleiner sind, daß es zunächst immer nur zu zaghaften Anfängen kommt, daß niemand genötigt wird, etwas zu praktizieren, was ihm Angst macht. Genötigt wird grundsätzlich überhaupt nicht. Es wird nur gelockt. Gleichzeitig wird das Gefühl verstärkt: «So wie du bist, so darfst du sein!»

Theoretisch könnte man meinen, daß mit *jedem* Material und mit *jeder* Technik *alles* gemacht werden kann.

Aber dem ist nicht so. Die verschiedenen Materialien und die verschiedenen Techniken locken zu jeweils unterschiedlichem Tun. Es ist deshalb für den Therapeuten wichtig zu wissen, was er anbieten kann, wenn er damit die Verarbeitung bestimmter Ängste und Probleme des Patienten erleichtern will.

Materialien und Arbeitstechniken

1 Sand und Wasser
2 Ton
3 Fingermalerei
4 Pappmaché
5 Jaxon-Kreide
6 Buntpapier-Collagen
7 Bimanuelles Zeichnen
8 Blastechnik
9 Augenweiden
10 Problemsuppe
11 Weitere Techniken.

1 Sand und Wasser

In einer Rührschüssel werden feiner Sand und lauwarmes Wasser miteinander vermengt, bis das Wasser den Sand gut bedeckt. Der Patient kann damit spielen, wie es unbekümmerte Kinder am Strand tun: Mit der Hand hineinfahren, die Hand drehen und wenden, Sand herausheben und wieder hineinplumpsen lassen. Sand und Wasser rinnen auch zwischen den Fingern durch auf den Tisch. Dabei können stalagmitenähnliche Gebilde entstehen. Die kann man planieren, neu beginnen, hineinpatschen, wieder in die Schüssel befördern, neu herausholen. Den Sand kann man formen, wringen, in den Mund stecken, sich damit beschmieren. Das ist besonders eindrucksvoll, wenn der feine Sand schwarz ist. Und es gibt keine bleibenden Flecken.

2 Ton

Bewährt hat sich rotbrennendes Tonmehl, das in ungebranntem Zustand gelb-braun aussieht und erst nach dem Brennvorgang die rote Farbe annimmt. Alte, ungebrannte Tonformen anderer Patienten werden auf einem Hauklotz mit einer Holzkeule zerschlagen. Dabei kann gesungen, geschimpft und gelacht werden. Dieser Vorgang wird in zunehmender Bewußtheit mit Phantasien und Assoziationen verknüpft. Es geht dabei nicht um das Zerschlagen der Vorformen, sondern um die Erzeugung von Tonmehl, das wir zum Spielen, zum Matschen und zum Formen benötigen. Die Tontrümmer werden dann in Wasser eingeweicht. In der nächsten Sitzung wird von dem entstandenen Tonbrei die benötigte Menge entnommen und mit Tonmehl zu einer formbaren Masse geknetet. Die Formbarkeit kann erprobt und durch Hinzugeben von Tonmehl oder von Wasser in der gewünschten Weise verändert werden. In Einzel- und Gruppensitzungen ist das Umgangsverhalten mit dem Material unterschiedlich. In der Gruppe ist das Material gleichzeitig Kontaktmittler, an dem sich Geben und Nehmen, Bitten und Abschlagen von Bitten, Flirten und Isolationstendenzen verwirklichen. Einander ähnliche Vorgänge mit geschlossenen Augen wiederholen oder Platzwechsel vornehmen lassen sind Maßnahmen, die den Lambanoprozeß weiterhin anreichern können. Das Material eignet sich besonders gut zur Bemächtigung von Körperformen. Auf Wunsch des Patienten können einzelne Stücke gebrannt werden. Dies ist nur im Spezialofen, meist in einer entsprechenden Brennerei möglich.

3 Fingermalerei

Material: Ungiftige Pulver- oder Trockenfarben, Wasser, Tapetenkleister.

Da der Kleister längere Zeit zum Quellen braucht, wird er vor der Behandlungsstunde zubereitet. In mehreren Schälchen kann der Patient selbst mit Holzspatel oder Fingern verschiedene Farben anrühren. Er kann dabei unter anderem erfahren, wie unterschiedlich die Zutaten sich miteinander verbinden. Dann kann er das angerührte Material mit dem Spatel, dem Pinsel, dem Spachtel oder natürlich auch mit den Fingern, mit den Händen und sogar mit den Füßen auf das Papier auftragen; kann die Farben nebeneinander stehenlassen, sie vermischen, Kleister hinzutun und anderes mehr. Das Papier kann als erstes auch nur mit Kleister bestrichen werden. Der Therapeut verlockt den Patienten dazu, mit den Fingern in der Farbe und auf dem Papier zu «arbeiten».

4 Pappmaché

Material: Kleister, ungeleimtes Papier oder altes Zeitungspapier. Zuerst wird der Kleister mit warmem Wasser angesetzt. Dann wird das Papier in möglichst kleine Schnipsel zerrupft. Es darf mit Lust zerrissen und klein gemacht werden. Die Schnipsel können wieder zusammengeknüllt, in die Luft geworfen, noch kleiner zerrupft und schließlich in den Eimer mit Kleister gegeben und eingeweicht werden. Dann werden sie durchgeknetet, bis ein dicker Brei entsteht. Aus der gut durchgeweichten Masse kann man schließlich etwas formen und wieder einweichen. Dabei wird immer wieder auf jeden Anflug von Unmut, Abwehr, Unlust und Ekelgefühlen geachtet. Denn gerade dort ist der Indikationsbereich der lambanotherapeutischen Arbeit.

5 Jaxon-Kreide

Besonders hervorzuheben ist bei diesem Material die große Vielfalt der Farben. Diese Farbstifte lassen sich sehr weich auftragen und besonders gut auf möglichst glattem Papier verwenden. Man kann damit Farbspiele komponieren, Farben ausprobieren, die man mag oder nicht mag, sich mit runden und spitzen Formen auseinandersetzen. In Partnerarbeit kann man abwechselnd kleine Farbflächen aneinanderfügen und so über die Farben in ein nonverbales Gespräch kommen, ohne dabei irgendein Ziel erreichen zu müssen. Man kann sich mit den Farben in dieser Art von «Gespräch» anpassend kooperativ oder gegnerisch konfrontativ verhalten, darf kantig oder anschmiegsam, konkordant oder komplementär sein.

6 Buntpapier-Collagen

Viele Blätter von ungeleimtem Papier werden einfarbig mit verschiedenen Kleisterfarben eingefärbt. In einer späteren Sitzung werden diese Blätter, wenn sie getrocknet sind, in kleine Schnipsel zerrissen. Mit diesen Schnipseln, die nun in vielen Farben zur Verfügung stehen, wird Papier dicht an dicht in beliebig bunter Zusammensetzung beklebt. Der Phantasie sind keine Grenzen gesetzt. Ordnung kann erwünscht sein oder gerade auch vermieden werden. Gegenständliches kann ebenso auftauchen wie Abstraktes oder ganz Formloses.

7 Bimanuelles Zeichnen

Der Patient steht vor einer Wandfläche, die mit soviel Papier bespannt ist, daß er seine Arme in alle Richtungen weit ausstrecken kann. Dann nimmt er in jede Hand einen Wachsmalstift nach seiner Wahl und versucht, mit beiden Händen gleichzeitig und spiegelbildlich das Papier zu bemalen, indem er rhythmische Bewegungen ausführt. Er kann die Farben auch wechseln. Meistens werden die zunächst kleineren Bewegungen bald schwungvoller und größer. Es ist wünschenswert, daß er dabei seinen ganzen Körper in die Bewegungen mit einbezieht. Und es ist vorteilhaft, dazu eine rhythmisch betonte Musik erklingen zu lassen. Sie kann den Patienten dazu verlocken, diese Rhythmen beidhändig schwungvoll zu Papier zu bringen.

8 Blastechnik

Material: Glattes weißes Zeichenpapier und Ausziehtusche.

Der Patient läßt kleine Mengen von der Tusche auf das Papier tropfen und pustet diese Tropfen an, so daß sie sich dabei überraschende Wege suchen, die nicht genau vorherzusehen und nicht eindeutig vorweg zu bestimmen sind.

Eine weitere Möglichkeit besteht darin, das Blatt Papier vorher ganz und gar mit bunten Wachskreiden zu bemalen. Die Tuschetropfen lassen sich danach auf dem bunten Wachs besonders gut verblasen. Die auf der bunten Wachsfläche entstehenden Vernetzungen der verblasenen Tuschetropfen ergeben filigranartige Gestaltungen. Besonders reizvoll ist diese Technik, wenn sich mehrere Personen daran beteiligen, die gleichzeitig von verschiedenen Seiten her die Tuschetropfen anblasen. Wenn die Tusche getrocknet ist, kann auch noch nachträglich mit Farbstiften in das Bild hineingemalt werden.

9 Augenweiden

Besteht die Möglichkeit zu einer Exkursion in Wald und Heide, dann wird sie dazu genutzt, um möglichst im Spätsommer

Rinden, kleine Zweige, Moose, Blätter, Fruchtstände wie kleine Tannenzapfen, Eicheln, Flechten, Blätter und ähnliches mehr zu sammeln. Besteht die Möglichkeit zu einer solchen Exkursion nicht, wird das Material vom Therapeuten angeboten. Der Patient darf sich dann mit diesem Material beschäftigen. Dünner Bindfaden und Blumendraht sowie Holzbohrer werden gegebenenfalls zur Verfügung gestellt. Die Patienten können sich durch das Material inspirieren lassen und ein Gesteck daraus komponieren. Die Teile können auch auf Papier geklebt werden. Diese Technik eignet sich auch besonders für die Gruppenarbeit.

10 Problemsuppe (Gruppentechnik)

Material: Die zur Zubereitung einer Gemüsesuppe mit Hackfleischeinlage für die Zahl der Gruppenteilnehmer erforderlichen Zutaten werden bereitgestellt. Dazu gehören Kartoffeln, Kohlrabi, Möhren, Sellerie, Suppengrün, grüne Bohnen und was sich je nach Jahreszeit anbietet. Dazu kommen Hackfleisch, Zwiebeln, eingeweichte Brötchen, Eier, Gewürze. Außerdem werden Holzbrettchen, Küchenmesser, Teller, Löffel, ein großer Drucktopf, Tischdecke und eine Suppenschüssel (möglichst durchsichtig) benötigt.

Jeder kann sich aus dem angebotenen Gemüse etwas auswählen, um es zu putzen und daran zu schnitzen, um auf diese Weise Symbole für eigene Probleme oder Problempersonen herzustellen mit dem Ziel, Ungenießbarkeiten seiner Lebensgeschichte oder auch ungenießbare Beziehungspersonen symbolisch in den Tiegel zu geben. Hierbei werden besonders viele Schwierigkeiten sichtbar nach dem Motto: Mit Lebensmitteln spielt man nicht! Auch Ekelgefühle sind nicht selten, beispielsweise wenn die rohen Eier mit den Händen in das Gehackte geknetet und mit eingeweichten Brötchen durchgewalkt werden. Schließlich landet alles im Topf und wird (vom Gruppenleiter nur leicht gewürzt) gekocht. Die Teilnehmer haben währenddessen die Möglichkeit, sich zu waschen und sich wieder «zurechtzumachen» und gemeinsam den Tisch zu decken.

Wenn die dampfende Suppe dann auf dem Tisch steht, erläutert der Gruppenleiter das Gleichnis dieser Mahlzeit. Sie soll ein Sinnbild dafür sein, daß die Liebe als das Feuer imstande ist, das noch Ungenießbare unseres Lebens genießbar zu machen.

Dann spricht er ein Tischgebet und tut jedem eine halbe Kelle von der Suppe auf mit der Maßgabe, daß jeder die Stücke, die er auf dem Teller der anderen als die seinen erkennt, von den anderen für sich erbitten kann. Das gibt in der Regel schon großes Hallo. Jeder kann sich aus der Schüssel nehmen, was er möchte. Er kann insbesondere die wiedererkannten eigenen Stücke herausfischen und darf sich auftun, soviel wie er essen mag. Das Tischtuch hat inzwischen Flecken bekommen. Was für Erinnerungen werden da wachgerufen!

Der Schritt, bei dem sich die Beteiligten das Fleckenmachen erlauben, fällt beim Fingermalen mit Kleister anders aus als beim festlichen Essen. Natürlich sollte der Gruppenleiter mit Bezug auf das Fleckenmachen selbst auch hinreichend produktiv sein. Jeder kann nun sein Essen nach Belieben nachwürzen, um es sich so schmackhaft wie möglich zu machen. Auch kann jeder von anderen Teile erbitten: «Laß mich auch mal ein Stück von deinen Angstzuständen, von deinem Chef, von deiner Schwiegermutter probieren, nachdem sie jetzt genießbar geworden sind.» Man kann alles, was man auf seinem Teller hat, auch anderen anbieten. Nehmen *muß* niemand, und essen *muß* auch niemand. Aber die Erfahrung zeigt, daß kaum je etwas übrig bleibt.

Mit dem *Problemgebäck* geht es ähnlich, diese Technik ist mehr für Einzelsitzungen und für Kinderbehandlungen geeignet. Schon das Herstellen von Plätzchenteig ist ein vorzügliches Lambanofeld. Auch hier ist die Freude, die der spielerische Umgang mit den Zutaten bringt, mit ängstlichen Gefühlen durchmischt. Kommt es schließlich dazu, daß der Plätzchenteig backfertig geworden ist, können in entsprechender Weise Problemgestalten zubereitet, gebacken und womöglich verzehrt werden.

11 Weitere Techniken

Mit allen Arten von bildnerischem Vorgehen läßt sich Lambano-Arbeit leisten, indem nicht der bildnerische Ausdruck Ziel des Gestaltens ist, sondern der Prozeß des Gestaltens selbst. In meiner Praxis haben sich in dieser Weise noch die Absprengtechnik, Collagen aus Illustrierten, Kartoffeldruck, Kordeldruck, Kohlezeichnen, Schablonendruck und anderes mehr bewährt.

Zur haltungsanalytischen Atem-, Sprech- und Stimmarbeit

Der Mensch ist nicht nur Geist und Seele. Er ist nicht nur ein Bewohner der geistigen und der seelischen Welt. Und Heilmaßnahmen gelten dementsprechend nicht nur seinen Gefühlen, seinen Wertungen und Ideologien, falls diese ungeordnet oder unangemessen sind. Der Mensch ist in seiner Körperlichkeit vielmehr auch ein Gegenstand der physikalischen Welt. Und daher sind Heilmaßnahmen auch als Behandlungen des Körpers erforderlich. Der Mensch *hat* eben nicht nur seinen Körper, sondern er *ist* zugleich dieser Körper. Und obschon er mehr und anderes ist als sein Körper, besteht an seiner Identität mit ihm kein Zweifel. Dennoch ist dem Menschen diese Identität mit seinem Körper nur zum Teil bewußt. Von den meisten seiner Organe weiß er nichts. Er erlebt nicht bewußt, wie sie arbeiten. Er erlebt nicht einmal bewußt, wie er sich bewegt, wie er sich körperlich ausdrückt. Sein Körperbewußtsein ist ihm lediglich als eine Möglichkeit mitgegeben. Er kann es steigern oder verkümmern lassen.

    Der Begriff Behandlung legt davon Zeugnis ab, daß bei vielen Heilmaßnahmen an den Körper des Patienten Hand angelegt wird. Wir sprechen heute von der Arbeit mit dem Leibe und meinen damit Anwendungen, die körperliche Veränderungen des Patienten bewirken. Bei diesen körperlichen Änderungen, die sich auf die Zusammensetzung der Substanzen, d. h. auf den Stoffwechsel beziehen oder aber die auf das Zusammenspiel der Organe und Gliedmaßen gerichtet sind, handelt es sich immer zugleich um Änderungen des Patienten, weil er eben selbst dieser Körper ist.

    Im Zentrum des körperlichen Lebens steht die Atmung. Sie repräsentiert uns am deutlichsten den Stoffwechsel, der ja das Leben des Organismus ist. Die Einatmung – als Sauerstoffwolke verstanden – durchweht den ganzen Körper. Und die Ausatmung entsorgt denselben Körper, indem sie nicht nur

Kohlensäure ausführt, sondern Fehlspannungen löst, Irrtümer mit sich nimmt und in die Lockerheit der Atempause hineinführt. Die neue Einatmung erfolgt spontan, wie ein Geschenk des Himmels und benötigt dafür nur den Bruchteil einer Sekunde. Die Ausatmung ist zugleich Vehikel für Sprache und Gesang. Der Atem begleitet maßgeblich alle Körper- und Gemütsbewegungen.

Bei der therapeutischen Arbeit mit dem Atem kommt es darauf an, die Atemfunktion von Beeinträchtigungen durch willkürliche Eingriffe seitens des Patienten zu befreien und die Achtsamkeit auf die autonomen Gezeiten des Atemgeschehens zu wecken und zu üben.

Der Mensch bringt seine Gefühle, seine Bedürfnisse, insbesondere auch seine Gehemmtheiten körpersprachlich zum Ausdruck. Es kommt demnach nicht allein darauf an, seine körpersprachlichen Äußerungen zu beachten und zu verstehen, sondern es ist wichtig, auf diese Äußerungen einfühlsam einzugehen und etwa zum Ausdruck gebrachte Nöte, Ängste oder auch Unarten in körpersprachlicher Weise mit dem Patienten anteilnehmend zu verarbeiten.

In meiner Praxis habe ich die Bezeichnung H-Arbeit als Abkürzung für «haltungsanalytische Atem-, Sprech- und Stimmtherapie» benutzt und diesen Teil der Therapie in dem gleichnamigen Buch (Haug/Heidelberg, 1978) ausführlich dargestellt. Hier spreche ich deshalb kurz zusammenfassend von «Bewußtseinsarbeit mit dem Leibe». Es gibt inzwischen viele Behandlungsverfahren, die – mit jeweils anderer Akzentsetzung – an der Überwindung von Verhaltens- oder gesundheitlichen Störungen arbeiten, indem das Bewußtsein des Patienten für das Leben seines Leibes erweitert wird. Erwähnt seien die konzentrative Bewegungstherapie, die Feldenkraisarbeit, die Bioenergetik, die Eutonie, die Middendorfarbeit am Erfahrbaren Atem, Yoga, Judo, Tanz und schließlich alle Sport- und Gymnastikarten, sofern sie als Meditation. d. h. als bewußtseinserweiternd angewendet werden.

Zum Leben gehören gleichermaßen Bewegtheit und Stille. Daraus folgt, daß sich bei der Entfaltung des Lebens, auch da, wo es ungeheuerlich, primitiv und wild erscheint wie Urmagma, zugleich auch die große Stille entbindet. Zu jener Stille hin führen alle Wege, wenn sie nur ausgeschritten werden. Es ist die Stille, in der wir das Leben zugleich als Bedrängnis und zugleich als unseren Atem in uns neu erfahren. Erst dann, wenn das Leben die hemmenden Einschnürungen überwunden hat und wieder natürlich pulsiert, erst dann setzt die gestaltende Arbeit des Lernens ein. Dann ist aus dem Leidenden ein Lernender geworden, der sich nun in der Gestaltung der Ausatmung üben kann. Alle Bewegungen, das Niedersetzen, sich Erheben, Gehen und Tanzen, Kauen, Schreiben, Malen, Kneten, ja auch Spielen und Denken, alles ist von der Natur in die Ausatmungsphase gestellt.

Zunächst gilt es herauszubekommen, wo die Lebendigkeit des Patienten, sein Lebensrhythmus noch unmittelbar zugänglich ist, wo wir uns als Verbündete einführen können, um ihm bei dem behilflich zu sein, was er als Nächstliegendes zur Entfaltung bringen wird.

Es gibt kein allgemein verbindliches Rezept. Der eine muß erst einmal polterig und laut sein dürfen. Ein anderer darf still und verlegen, ein anderer darf albern sein, tanzen, singen, sprechen, lachen oder weinen. Der Weg zur Balance und Stille führt oft durch Unruhe hindurch.

Eine Gefahr besteht darin, gleich anfangs zuviel Ordnungsaufgaben an den Patienten heranzutragen. Auch Ordnung will von innen her wachsen dürfen. Deshalb ist es erforderlich, daß der Behandler dem Patienten Spielregeln und Ordnungen vorgibt, um ihn von solchen Aufgaben zu entlasten. Die von innen her im Patienten inmitten seiner Unordnung erwachende und anwachsende Ordnungsliebe bedarf schon in diesen ersten Ansätzen immerwährender Bestätigung und Bejahung. Bekanntlich empfiehlt es sich auch beim Singen, in die Rauhigkeit und in den Schleim der Stimmbänder getrost «hineinzusingen» und nicht abzuräuspern.

Aus der Bejahung des Lebens in der Ungenauigkeit geht die Genauigkeit schließlich von selbst hervor. Ob der Patient falsch atmet, falsch singt, falsch denkt, das ist in der Behandlung zunächst völlig gleichgültig. Es kommt darauf an, ihn zunächst nicht nur gewähren zu lassen, sondern ihn als den Handelnden anzunehmen. Dabei wird nicht das gelobt, was für falsch erachtet wird, sondern *er* wird darin bestärkt, daß er sich überhaupt erst einmal aufmacht, sein Leben zeigt und anfängt, tätig zu werden, vielleicht ein Lied zu singen, so recht und schlecht, wie es eben geht. Er wird angeregt, weitere Tätigkeit zu entfalten.

Ist der Patient dagegen hektisch und überdreht, dann werden beispielsweise die Pausen, die er macht, besonders begrüßt. Nun kommt es darauf an, daß der Therapeut bei sich selbst soviel inneren Spielraum entfaltet hat, daß er in dem gestörten Tun Signale des so lange unterbundenen Lebens erkennt. Und diese Signale gilt es in aller Ehrfurcht zu begrüßen, zu pflegen und zu bedienen und keinesfalls zu vergewaltigen. Denn vielen ist in dieser Beziehung schon in früher Kindheit Gewalt angetan worden. «Sei nicht so laut!» «Nimm dich zusammen!» «Hier macht man nichts kaputt!» «Diese ewige Zappelei!» «Sitz endlich still!» «Laß das bleiben, das kannst du ja doch nicht!» Diese und ähnliche Sentenzen richten oft mehr Unheil an als eine Gelbsucht oder eine Lungenentzündung.

Wird eine Therapie so angefangen, daß der Patient Grundstellungen erlernen und exerzieren muß, daß wir ihm mit einem Koordinatenkreuz von gut und schlecht, von richtig und falsch auf den Pelz rücken, dann entsteht zwar auch eine Talmi-Ordnung, die aber rasch wieder in sich zusammenfällt. Echte und tragfähige Ordnung erwächst nur aus Liebe und nicht aus Angst.

Die therapeutische Grundeinstellung für die H-Arbeit besteht darin, daß der Therapeut in allem, was der Patient hervorbringt, Anzeichen dafür sieht, daß sich dessen verschüttete Lebendigkeit meldet und sich zur Entfaltung bringen will. Die therapeutische Aufgabe besteht dann darin, sich diesem Leben als Partner zur Verfügung zu stellen. Dabei ist es gleichgültig, ob wir dem Patienten einen Stein in die Hand geben, ob wir mit ihm schwingen, ihm einen spontanen Schrei entlocken, oder ob wir ihn mit geschlossenen Augen sitzen, gehen oder auch auf einem Stock liegen lassen.

Während die Agmap-Patienten für die Modalitäten A, B und R mit Hilfe von Tonbandaufzeichnungen einführende Informationen erhalten, ist das für die H-Modalität nicht der Fall. Der Grund dafür liegt darin, daß die H-Arbeit weder durch verbale Beschreibungen, noch durch Abbildungen erlebbar gemacht werden kann. Dieses nonverbale bzw. vorsprachliche Behandlungsverfahren wird aber sofort eingängig, während es vollzogen wird. Vom Beginn einer H-Sitzung an kommt es zu einem vorwiegend nonverbalen Dialog zwischen Behandler und Behandeltem, so daß sich hier quasi von selbst erklärt, was bei den anderen Modalitäten zuvor erörtert werden mußte. Allerdings werden dem Patienten auch hier beiläufig einige Hinweise gegeben. So empfiehlt es sich beispielsweise, zur H-Sitzung, bei der die Schuhe ausgezogen werden, gegebenenfalls Socken und vielleicht eine Trainingshose mitzubringen. Aber auch das ist nicht verbindlich und ergibt sich von selbst im Zuge der fortschreitenden körperbezogenen Therapie.

Wurde in der A-Gruppensitzung mit einem Patienten dessen Traumwink erarbeitet, dann ist für diesen Patienten dieser Traumwink das Motto für ihn in jeder weiteren Sitzung des monatlichen Zyklus.

Nach der nächsten A-Sitzung tritt ein neuer Traumwink an dessen Stelle.

Erst durch dieses als oneirogen zu bezeichnende, vom Traum des Patienten gesteuerte Vorgehen wird es möglich, die verschiedenen Modalitäten der Behandlung in der gewünschten Weise zu einem integrierten analytischen Prozeß zusammenzuführen, wie es in Agmap geschehen ist.

Für die H-Sitzungen gilt folglich in dieser Hinsicht das gleiche, wie für alle anderen Sitzungstypen, daß nämlich der Therapeut den aktuellen Traumwink jedes Patienten kennt und, während er den Patienten behandelt, vorschweben hat. Dadurch ist es dem Therapeuten möglich, alles, was ein Patient sprachlich oder nonverbal zum Ausdruck bringt, auf die Besonderheiten seines individuellen therapeutischen Entwicklungsganges zu beziehen und – auch in den H-Sitzungen – dementsprechend zu handeln.

Die Dreistufentechnik der Traumbearbeitung

Dieses Thema wird beherrscht vom Wunder der Komplementarität. Wer Durst hat, der träumt vom Trinken, wer Hunger hat, der träumt vom Essen. Wer sich entgegen seiner wahren Natur für irgend jemand den lieben langen Tag umbringt, wie man so sagt, der läßt den Betreffenden im Traum umkommen.

Freud sprach in diesem Sinne davon, daß es sich um Wunscherfüllungen handelt. Aber das ist zu eng gefaßt. Es handelt sich um Bedürfnisbefriedigungen mit dem Ziel, einen Ausgleich herbeizuführen.

Nun ist der Träumende nicht nur Zuschauer seines Traumes. Er ist auch nicht nur Akteur, der im Traum irgendeine Rolle in eigener Person spielt. Er ist zugleich immer auch der Drehbuchautor, der Urheber des gesamten Traumgeschehens, das sich in ihm abspielt.

Betrachtet man den ganzen Traum mit allem Drum und Dran, dann sollte man als Behandler oder Betreuer sich stets auch vollends klar machen, daß es niemand anderes war als der Träumende selbst, der seinen Traum gerade so komponiert, gerade so inszeniert und mit gerade den Requisiten ausgestattet hat, die darin vorkommen.

Es ist davon auszugehen, daß ein seelisch gesunder Mensch *alles* träumen kann, daß demnach seine Träume nicht charakteristisch für ihn sind, und daß Aussagen über seine Träume sich kaum verifizieren lassen, weil sie lediglich auf zufällige Tagesreste hinweisen.

Die Voraussetzung, um aus einem Traum Schlüsse ziehen zu können, ist, daß der Träumer an einer Neurose bzw. an einer psychosomatischen Symptomatik leidet. Es empfiehlt sich, bei der Erörterung von Träumen außer dem Alter und dem Geschlecht stets mit anzugeben, daß der Träumer Träger einer psychogenen Symptomatik ist.

Um die erste Stufe der Traumbearbeitung in der Dreistufentechnik durchzuführen, besteht die Aufgabe dessen, der den Traum bearbeitet, darin, jede mitgeteilte Einzelheit innerlich mit dem Satz zu verknüpfen: «Das also hast du dir – haben Sie sich gerade so und nicht anders erträumt.»

Heißt der Traum beispielsweise «Ich schmücke ein neues Bild meiner Mutter mit Blumen», dann denkt der Bearbeiter dieses Traumes: «Sie haben sich im Traum von Ihrer Mutter ein neues Bild gemacht und lassen sich dieses Bild mit Blumen schmücken.»

Damit ist bereits die Urheberform gebildet, die vorerst unangesprochen bleibt.

Wie wird nun als die zweite Stufe der Traumbearbeitung die Notlage dieses Menschen aus seinem Traum ermittelt, wenn wir lediglich wissen, daß er sich diesen Traum zur Stillung seiner Notlage erträumt hat?

Die Antwort lautet, daß sich die Notlage jeweils dadurch ermitteln läßt, daß man das Komplement, das spiegelbildliche Gegenstück zum Traumgeschehen bildet. Wer, wie gesagt, vom Essen träumt, der hat Hunger, wer vom Trinken träumt, der hat Durst. Wer davon träumt, daß er sein Lebensschiff zwanzig Grad nach Süd steuert, der ist zwanzig Grad zu weit nach Nord von seinem Kurs abgekommen. Für einen ersten Einstieg eignen sich dazu am besten die im Traum vorkommenden Verben. Sie zeigen das Geschehen an. In diesem Traumbeispiel geht es um Schmücken. Also fragen wir uns: Was ist das Gegenteil von Schmücken?

Ein Gegenteil von Schmücken ist: Den Putz herunterreißen, Bloßstellen, Abqualifizieren, Verhöhnen, Beschmutzen. Eine Notlage des Träumenden besteht darin, daß er in seinem bewußten Alltagsleben an seiner Mutter – wie man so sagt – kein gutes Haar läßt, daß er vielleicht auch nur innerlich über sie schimpft und klagt. Dabei ist es für diese Überlegung gleichgültig, ob sie noch lebt oder längst verstorben ist. Er schiebt womöglich der Mutter die Schuld für sein eigenes Versagen, bzw. die Verantwortung für seine Neurose in die Schuhe. Es ist wichtig, daß die so ermittelte Notlage des Patienten als dessen aktuelle Einstellung vom Traumbearbeiter klar erkannt wird.

Nun kommt es darauf an, den Träumer dort abzuholen, wo er steht, also sich seine Klagen über die Mutter anzuhören. Hierbei hat der Behandler besonders auf Ambivalenzen zu achten. Denn diese bieten ihm den Einstieg, dem Patienten zu zeigen, daß seine Einstellung zu seiner Mutter irgendwie an seiner inneren Wirklichkeit und Wahrhaftigkeit vorbeigeht, ja daß gerade dieses sein Verhalten seine aktuelle Notlage charakterisiert. Daraufhin ist der Schritt zur dritten Stufe der Traumbearbeitung nicht mehr schwierig. «Die Hilfe, die Sie sich selbst in Ihrem Traum anbieten», erläutert der Behandler dem Träumer, «besteht darin, daß Sie sich von Ihrer Mutter ein neues Bild machen, und daß Sie ihr Gefühle der Dankbarkeit, Verehrung und Zuneigung entgegenbringen. Nicht überschwenglich, aber doch aus dieser Würzflasche ein paar Tropfen in Ihre Lebenssuppe!» Damit hat der Traumbearbeiter den Traumwink formuliert. Mit diesem Traumbeispiel sind die drei Stufen der Traumbearbeitung nochmals beschrieben.

Zu den D-Sitzungen

Einmal monatlich wurde mit den Mitgliedern aller Agmap-Gruppen eine Diskussionsgroßgruppensitzung (= D-Sitzung) durchgeführt, an der auch frühere Agmap-Patienten teilnehmen konnten. Hierfür wurde der Filmsaal eines Industrieunternehmens angemietet, mit einer bequemen Bestuhlung für ca. 80 Personen.

Die Patienten machten gern von einem Fragekasten Gebrauch, um Ihre Fragen auf diesem Wege in die D-Sitzung einzubringen und zur Diskussion zu stellen. Auch wenn in den R-Sitzungen Fragen auftauchten, zu denen eine Stellungnahme des Behandlers wünschenswert war, wurden sie notiert und in den Fragekasten gegeben.

In der D-Sitzung wurden die Fragen in der Reihenfolge Ihres Eingangs vorgelesen und diskutiert, ohne daß dabei der Fragesteller bekanntgegeben wurde. Die Diskussionsleitung wurde unter den Teilnehmern abgewechselt. Jeder erhielt die Möglichkeit, eine Zeitlang die Diskussion vom Rednerpult aus zu leiten. Für viele war dies eine wichtige Verhaltensübung, um mit Problemen des Lampenfiebers und mit den damit verwandten Ängsten fertig zu werden. So war es schon eine Aufgabe, die Wortmeldungen zu registrieren, um damit jedem bei der Worterteilung möglichst gerecht zu werden.

Der Therapeut und seine Mitarbeiter saßen jeder für sich inmitten der Patienten und konnten wie die anderen ums Wort bitten und gleichfalls zu den anstehenden Fragen Stellung nehmen.

Es hat sich gezeigt, daß diese 120 Minuten dauernden Diskussionssitzungen als integrierte Modalität der psychoanalytischen Gruppentherapie Vorzügliches leisten können. Sie bieten den Patienten die Gelegenheit, sich notwendige Informationen zu verschaffen und an ihren Realitätsprüfungen zu arbeiten. Vorurteile, Mißverständnisse und Irrtümer, die für gewöhnlich zu den Begleiterscheinungen der Neurosen gehören, können ausgeräumt werden.

Das erweiterte Indikationsspektrum, die kürzere Behandlungsdauer und die günstiger einzuschätzende Prognose bei der Anwendung von Agmap lassen sich unter anderem auch auf die Einbeziehung der D-Sitzungen in den Behandlungsprozeß zurückführen.

Die Beendigung der Behandlung

Ein Gruppenteilnehmer, der seine Behandlung beenden will, kündigt in einer A-Gruppensitzung zum Ende des folgenden Monats. Da die A-Gruppensitzungen regelmäßig in der ersten Woche eines Monats stattfinden, hat der Patient noch acht Behandlungswochen vor sich, so daß er ausreichend Gelegenheit hat, seine Kündigung zu bearbeiten und seine Behandlung abzuschließen.

Oft nennt er der Gruppe die Gründe, warum er beabsichtigt auszuscheiden. Oft bringt er auch zur Sprache, weshalb er sich der Behandlung unterzogen hat, und berichtet, was aus seinen Beschwerden geworden ist. Schließlich gibt er eine Einschätzung des Behandlungsergebnisses.

Die anderen Gruppenteilnehmer nehmen dazu Stellung. Auch sie schätzen das erzielte Ergebnis ein und bestärken den Kündigenden bei seinem Entschluß oder sie raten ihm, die Kündigung zurückzunehmen, falls sie der Meinung sind, er könne noch ein besseres Ergebnis erzielen. Sie äußern sich natürlich auch emotional, bekunden Erleichterung oder Bedauern.

Abschließend nimmt auch der Analytiker Stellung. Er erklärt, daß er die Kündigung annimmt, und begründet der Gruppe seine Bewertung des Behandlungsergebnisses. In der Regel wird diese Feststellung einvernehmlich getroffen. Die verbleibenden acht Wochen dienen dann außerdem dazu, daß ein Nachfolger aus der Warteliste benachrichtigt wird und seine Vorbereitungseinzelstunden erhält.

Anhang

Die schriftlichen Unterlagen

Anschreiben
Grundkonstitution
Erklärung zum Urheberrecht
Terminkarte
Rezept für Alleinübungen
Laufzettel

Anschreiben

Sehr geehrte(r)

wir haben miteinander erwogen, Ihre psychotherapeutische Behandlung in Form einer bestimmten, von mir als «Agmap» bezeichneten Gruppenpsychotherapie durchzuführen. Wie Sie wissen, ist diese Behandlungsmethode nicht die einzige Möglichkeit für Sie, sich wegen Ihrer Störungen einer analytisch-psychotherapeutischen Behandlung zu unterziehen. Es gibt zum Beispiel auch die Möglichkeit, ausschließlich Einzeltherapie anzuwenden. In Ihrem Falle halte ich die Behandlung in einer Gruppe für günstiger. Sie haben sich, meinem Rat entsprechend, für die Gruppenbehandlung entschieden.

Für eine Gruppenarbeit, wie wir sie miteinander vorhaben, ist es notwendig, gewisse Regeln schriftlich festzulegen, um den äußeren Rahmen so stabil halten zu können, daß er die Dynamik analytischer Prozesse trägt, um eine Gruppe mit ausreichender Stabilität garantieren zu können. Schriftliche Fixierung von Regeln ist für eine ärztliche Praxis ungewöhnlich. Deshalb gebe ich Ihnen dazu Erläuterungen.

Wenn ich seit 1945 an Patienten oder an Lernende die Frage gerichtet habe, ob sie bereit sind, ihre Analyse in einer Gruppe durchzuführen, dann wurden von ihnen zusammengefaßt folgende Gesichtspunkte geltend gemacht:

1. Ich teile einem Arzt intime Dinge nur dann mit, wenn ich seiner Verschwiegenheit sicher bin. Insoweit stehen mir die gesetzlichen Bestimmungen über die berufliche Schweigepflicht zur Seite. Entsprechendes fordere ich von der Gruppe. Die Teilnehmer müssen in gleicher Weise zur Verschwiegenheit verpflichtet sein.
2. Der Teilnehmerkreis muß eine gewisse Beständigkeit aufweisen. Es darf nicht vorkommen, daß in jeder Sitzung andere Teilnehmer anwesend sind.
3. Die Frequenz der Zusammenkünfte und die Kosten müssen zu überblicken sein und feststehen. Sie dürfen nicht beliebig verändert werden können.

4. Zwischen den Teilnehmern dürfen keine beruflichen oder privaten Beziehungen bestehen. Die Teilnehmer dürfen außerhalb der analytischen Gruppenarbeit keinen Kontakt miteinander haben.
5. Die Durchführung der Gruppenanalyse darf die Einzelstunden unter vier Augen mit dem Therapeuten nicht ausschließen.
6. Es muß, anders als bei der analytischen Einzeltherapie erlaubt sein, daß ich in der Gruppe gewisse Inhalte verschweige, wenn mir ihre Äußerung schwerfällt.

Das sind einleuchtende Argumente. Sollen sie berücksichtigt werden, so muß sichergestellt sein, daß jeder Teilnehmer diese Voraussetzungen erfüllt. Der Gruppentherapeut hat hier die Funktion eines Treuhänders. Er garantiert die von allen Gruppenteilnehmern getroffene Vereinbarung, daß jeder Teilnehmer die gleichen Bedingungen selbst erfüllt, deren Erfüllung er von den anderen Gruppenteilnehmern verlangt.

Diese Überlegungen haben dazu geführt, daß es eine schriftlich niedergelegte «Grundkonstitution» unserer Gruppe gibt, die jeder Gruppenteilnehmer als für sich rechtsverbindlich dadurch anerkennt, daß er an einer Gruppensitzung teilnimmt. Die Grundkonstitution ist diesem Schreiben beigefügt.

Darin sind unter anderem Absprachen enthalten über
1. die Schweigepflicht
2. Kündigungsfristen
3. die Frequenz und Verbindlichkeit der Behandlungstermine und
4. die Anonymität.

Ich versichere Ihnen hiermit, daß jeder Gruppenteilnehmer das gleiche Schreiben mit den gleichen Anlagen erhalten hat wie Sie und daß sich infolgedessen jeder Gruppenteilnehmer, mit dem Sie im Laufe Ihrer Behandlung zusammenarbeiten werden, allein durch die Tatsache seiner Teilnahme an einer Gruppensitzung auf diese Grundkonstitution ebenso verpflichtet hat wie Sie.

Für die Erörterung von Fragen, die sich aus diesem Schreiben ergeben, stehe ich Ihnen bei nächster Gelegenheit zur Verfügung. Zum Schluß bitte ich Sie, dieses Schreiben und seine Anlagen gut aufzubewahren und als etwas Vertrauliches zu behandeln.

Mit freundlichen Grüßen

Vertraulich!
Nur für Ihren persönlichen Gebrauch bestimmt!

Herrn/Frau

Grundkonstitution

für die Behandlung mit ambulanter, gruppenzentrierter multimodal-integrierter, analytischer Psychotherapie (Agmap) in der Praxis von Dr. med. Udo Derbolowsky.

Die Behandlung von Patienten mit Agmap wird bei jedem einzelnen im Interesse eines optimalen Fortganges seiner Behandlung unter anderem davon abhängig gemacht, daß er nachstehende Regelungen als rechtsverbindlich anerkennt. Damit genießt jeder Patient den gleichen Schutz bei gleichen Verpflichtungen.

§ 1
Anerkennung der Grundkonstitution

Wer an einer Gruppensitzung teilnimmt, erklärt damit rechtsverbindlich, daß er die folgenden Regelungen anerkennt und beachtet.

§ 2
Behandlungssituation

Jeder Agmap-Patient befindet sich im Wechsel in drei Behandlungssituationen.
1. Ihm werden Alleinübungen verordnet. Sie bestehen in Lesen, Schreiben, Atmung, Anhören oder Machen von Musik und Singen, im Malen, Spielen und anderem. Bei diesen verordneten Alleinübungen soll der Patient ungestört mit sich allein sein. Die Übungen sollen sechsmal

wöchentlich, möglichst zu gleichbleibender Zeit, durchgeführt werden. Sie erfordern täglich etwa eine halbe Stunde.
2. Er hat «eingestreute» Einzelsitzungen. Das sind Behandlungssitzungen der Kategorien A, B und H (vergl. § 3 Abs. 2) unter vier Augen mit einem Therapeuten.
3. Er hat Gruppensitzungen verschiedener Kategorien (vergl. § 3 Abs. 2).

Der Patient kann Tonbandaufnahmen seiner eigenen Behandlungssitzungen durch den Behandler herstellen lassen und wieder abhören. Die Benutzung eigener Tonspeichergeräte jeder Art in den Behandlungssitzungen ist nicht gestattet.

§ 3
Art der Sitzungen

1) Der Patient gehört einer bestimmten Agmap-Gruppe an. Für ihn werden regelmäßig Gruppen- und Einzelsitzungen anberaumt, an denen er teilnehmen soll. Er darf die Behandlungssitzungen nicht vorzeitig verlassen.

2) Es gibt verschiedene Kategorien von Sitzungen:
  1. analytisch-psychotherapeutische Gruppen- und Einzelsitzungen mit überwiegend verbalanalytischer Technik und Traumbearbeitung (Kategorie A),
  2. analytisch-psychotherapeutische Gruppen- und Einzelsitzungen mit überwiegend bemächtigungsanalytischer Technik und Materialumgang (Kategorie B)
  3. analytisch-psychotherapeutische Gruppen- und Einzelsitzungen mit überwiegend haltungsanalytischer Technik und Umgang mit Atem, Stimme, Bewegung, Ausdruck (Kategorie H)
  4. analytisch-psychotherapeutische Gruppensitzungen mit rollenanalytischer Technik (Kategorie R)
  5. Großgruppensitzungen mit Information und Diskussion als Ergänzung zur Kategorie R (Kategorie D).

§ 4
Anzahl und Dauer der Gruppen- und Einzelsitzungen

1) Während eines Kalenderjahres sind bei möglichst gleicher Verteilung der Kategorien A, B, H, R insgesamt höchstens 46 Gruppensitzungen vorgesehen. Dazu kommen bis zu 11 D-Sitzungen. Die Reihenfolge der Sitzungen der verschiedenen Kategorien ergibt sich aus dem Fortgang der Behand-

lung. Die Sitzungsabfolge wird im Büro rechtzeitig durch Aushang bekanntgegeben. Die anberaumten Termine sind für den Patienten verbindlich.

2) Während eines Kalenderjahres sind 20 eingestreute Einzelsitzungen, und zwar 5 A-Einzelsitzungen, 5 B-Einzelsitzungen und 10 H-Einzelsitzungen in etwa gleichmäßiger Verteilung vorgesehen. Über diese Sitzungen hinaus können weitere Einzelsitzungen vereinbart oder verordnet werden, insbesondere wenn der Patient Gruppensitzungen versäumt hat.

3) Es obliegt dem Patienten, die Termine für die vorgesehenen Einzelsitzungen zu vereinbaren. Der Patient erhält dafür alle zwei Monate eine Woche lang Gelegenheit, sich für die folgenden zwei Monate in Terminlisten verbindlich einzutragen. Wenn Patienten sich nicht innerhalb dieser Woche für die für sie vorgesehenen Einzelsitzungen in die Terminlisten eintragen, beraumt Dr. Derbolowsky die erforderlichen Einzelstunden an. Die anberaumten Termine sind für den Patienten verbindlich.

4) Nach Möglichkeit erhält der Patient Einzelstunden außerhalb seiner Arbeitszeit. Er hat jedoch darauf keinen Anspruch. Er muß damit rechnen, daß er mindestens einmal im Monat eine Einzelsitzung während der üblichen Arbeitszeit hat. Bescheinigungen zur Vorlage beim Arbeitgeber kann der Patient erhalten.

5) Während der Analyseferien und an gesetzlichen Feiertagen finden grundsätzlich keine Sitzungen statt. Beginn und Ende der Analyseferien werden durch Dr. Derbolowsky festgelegt und rechtzeitig im Büro durch Aushang bekanntgegeben.

6) Eine Gruppensitzung dauert 100 Minuten, eine Einzelsitzung dauert 50 Minuten.

§ 5
Anzahl und Umgang der Gruppenteilnehmer

1) Eine Gruppe besteht in der Regel aus fünf bis acht Teilnehmern.

2) Gruppenteilnehmer geben einander ihre Familiennamen, Anschrift, Arbeitsplatz und das vereinbarte Behandlungshonorar nicht bekannt. Die Erörterung von Themen, die diese Inhalte betreffen, ist den Einzelstunden vorbehalten. Gruppenteilnehmer reden sich untereinander mit ihrem Vornamen an und geben sich ihr Lebensalter bekannt.

3) Jeder Umgang von Gruppenteilnehmern derselben Gruppe untereinander außerhalb der Gruppensitzungen ist während der Dauer ihrer Zugehörigkeit zu der Gruppe nicht zulässig. Ebenso ist der außerdienstliche Umgang von Patienten mit Mitarbeitern und Angestellten von Dr. Derbolowsky unzulässig.

§ 6
Behandler

Dr. Derbolowsky leitet die Behandlung selbständig und in eigener Verantwortung. Er kann die Behandlung gemeinsam mit Mitarbeitern durchführen, an die er bestimmte Aufgaben mandatiert. Dr. Derbolowsky kann sich durch einen anderen Psychotherapeuten vertreten lassen.

§ 7
Fehlen bei Sitzungen

1) In einer Gruppe kann kein fremder Patient für eine oder wenige Stunden aufgenommen werden, weil das die Gruppenbehandlung empfindlich stört und für einen Patienten fast immer unangebracht ist. Jeder Gruppenteilnehmer muß deshalb grundsätzlich ohne Rücksicht auf den Grund seines Fehlens auch für versäumte Gruppensitzungen das Honorar zahlen.

2) Fehlt der Patient bei Einzelsitzungen, so muß er das Honorar ebenfalls zahlen, wenn er nicht mit einem anderen Patienten getauscht hat und der andere Patient die Einzelsitzung als seine Sitzung festgelegt hat.

3) Die D-Sitzungen werden von Dr. Derbolowsky auf Tonband aufgenommen. Wer diese Sitzungen versäumt, kann einen Termin zum Abhören des Tonbandes für sich allein oder gemeinsam mit mehreren Patienten vereinbaren.

4) Versäumte Behandlungen sind in den Beträgen der Honorarrechnungen enthalten. Sie werden in der Spezifikation entweder nicht aufgeführt oder ausdrücklich als vom Patienten versäumte Sitzungen gekennzeichnet, da sie von etwaigen Kostenträgern (Krankenversicherungen) nicht erstattet werden.
5) D-Sitzungen lösen während der Zugehörigkeit des Patienten zu einer Agmap-Gruppe kein Honorar aus, und D-Sitzungen erscheinen nicht in der Rechnungsspezifikation. R-Sitzungen erscheinen in der Spezifikation der Rechnung nur, wenn der Patient an der ergänzenden D-Sitzung teilgenom-

men oder die Tonbandaufnahme dieser Sitzung innerhalb desselben Kalendermonats abgehört hat (vergl. § 3 Abs. 5). Andernfalls wird die R-Sitzung wie eine versäumte Sitzung behandelt.

§ 8
Kündigung

1) Dr. Derbolowsky oder sein Vertreter einerseits und der Patient andererseits müssen kündigen, wenn sie die Behandlung beenden wollen. Die Kündigung kann im Regelfall nur mündlich in einer A-Gruppensitzung zum Ende des darauffolgenden Monats erklärt werden. Die Frist verlängert sich um einen Monat, falls zwischen Zugang und Wirkung der Kündigung Analyseferien von mehr als 14 Tagen fallen. Maßgebend für die Dauer der Kündigungsfrist ist, daß für die erforderliche therapeutische Verarbeitung möglichst acht Wochen zur Verfügung stehen.

2) Kann die Kündigung ausnahmsweise nicht mündlich in einer A-Gruppensitzung erklärt werden, so hat der Kündigende seine Kündigung durch eingeschriebenen Brief gegenüber dem anderen Teil zu erklären. Die Erklärung muß zum Zeitpunkt der A-Gruppensitzung zugegangen sein.

3) Jeder Teilnehmer, der den Ausschluß eines anderen Teilnehmers aus der Gruppe wünscht, kann in einer A-Gruppensitzung beantragen, daß Dr. Derbolowsky oder sein Vertreter dem anderen Gruppenteilnehmer kündigt.

4) Bei Verstößen gegen diese Grundkonstitution, insbesondere gegen die Verbote, die Sitzung vorzeitig zu verlassen, (vgl. § 3 Abs. 1) oder eigene Tonbandgeräte einzubringen (§ 2 Abs. 4), ferner gegen die Umgangsregeln (§ 5 Abs. 2 u. 3), die Schweigepflicht (§ 9) und die Zahlungsregelung (§ 10) kann Dr. Derbolowsky den Patienten mit sofortiger Wirkung aus der Gruppe ausschließen. Der ausgeschlossene Patient hat das Honorar für die weiteren Gruppensitzungen bis zum Ende des folgenden Monats zu zahlen.

§ 9
Schweigepflicht

Gruppenteilnehmer sind zur Verschwiegenheit gegenüber jedermann außerhalb der Gruppe verpflichtet. Das gilt insbesondere im Hinblick auf ihre in der Gruppe erworbenen Kenntnisse über körperliche, charakterliche und sonstige Eigenschaften anderer Gruppenteilnehmer oder deren Angehöriger. Die Schweigepflicht bleibt auch nach dem Ausscheiden aus der Gruppe bestehen.

Der Patient haftet für Schäden, die aus einem Bruch seiner Pflicht zur Verschwiegenheit entstehen sollten. Die Schweigepflicht ist gesetzlich verankert, weil der Patient innerhalb der Gruppe insoweit einem ärztlichen Gehilfen gleichzustellen ist und damit den gesetzlichen Bestimmungen über die ärztliche Schweigepflicht unterliegt.

Beispiel: Ein Gruppenteilnehmer macht einen Besuch bei einem ihm befreundeten selbständigen Kaufmann. In einem der dortigen Angestellten erkennt er einen gegenwärtigen oder früheren Gruppenteilnehmer wieder und berichtet seinem Bekannten, jenem Kaufmann, daß er den Angestellten als einen Patienten von Dr. Derbolowsky wiedererkenne, der sich dort in psychotherapeutischer Behandlung befinde. Dieser Angestellte sei ja wohl ein besonders tüchtiger Mann und stehe doch unmittelbar davor, sich beruflich selbständig zu machen. – So etwas könnte ohne Folgen bleiben. Jener Kaufmann könnte aber auch ein persönliches Vorurteil gegen Menschen haben, die sich einer psychotherapeutischen Behandlung unterziehen. Dadurch könnte jener Angestellte über kurz oder lang benachteiligt werden. Als drittes könnte die Mitteilung, daß der Betreffende davorsteht, sich selbständig zu machen, auch außerordentlich peinlich sein, wenn er dies seinem Chef noch nicht mitteilen wollte, falls sich dadurch für ihn besondere Nachteile ergeben usw.

§ 10
Honorar

1) Jeder Patient erhält eine Abrechnungs- und Terminkarte, in die er seine Behandlungstermine, die Daten erhaltener Rechnungen und seine geleisteten Zahlungen einträgt. Steuerbescheinigungen, Spezifikationen der Rechnungen und ähnliches werden gegen Vorlage dieser Karten ausgestellt.

2) Rechnungen sind innerhalb von 14 Tagen zu begleichen.

3) Auf das Honorar sind in vereinbarter Höhe monatliche Abschlagszahlungen zu leisten, die der Patient im voraus bis zum Dritten eines jeden

Kalendermonats auf ein Konto von Dr. Derbolowsky zu überwiesen hat.
Dr. Derbolowsky hat folgende Konten....

4)   Dauert die Behandlung länger als ein Jahr, so erhöht sich das vereinbarte Honorar vom 13. Monat an stillschweigend um 10 %. Das gleiche gilt für jedes weitere Jahr. Abweichende Regelungen müssen schriftlich vereinbart werden.

Diese Grundkonstitution ist nicht zur Verbreitung oder sonstigen auszugsweisen Weitergabe bestimmt.
Sie ist nach Abschluß der Behandlung zurückzugeben.

Ort, Datum   Unterschrift (Dr. Udo Derbolowsky)

Erklärung zum Urheberrecht

Der/Die Unterzeichnete ist davon in Kenntnis gesetzt und damit einverstanden, daß alle im direkten Zusammenhang mit der an dem/der Unterzeichneten vorzunehmenden Psychotherapie entstehenden und für diese Behandlung bestimmten geistigen Produkte, insbesondere die Aufzeichnungen von Träumen, Bildnereien und die Aufnahme psychotherapeutischer Sitzungen auf Tonbändern als Werk des behandelnden Psychotherapeuten gelten.

[Name des Behandlers] besitzt daher das alleinige Urheberrecht an den vorstehend aufgeführten geistigen Produkten, die im übrigen selbstverständlich den gesetzlichen Bestimmungen über die ärztliche Schweigepflicht unterliegen, so daß ihre etwaige anderweitige Verwendung stets der vorhergehenden Zustimmung des/der Unterzeichneten bedarf.

_____ , den _____

_____ Unterschrift des Patienten

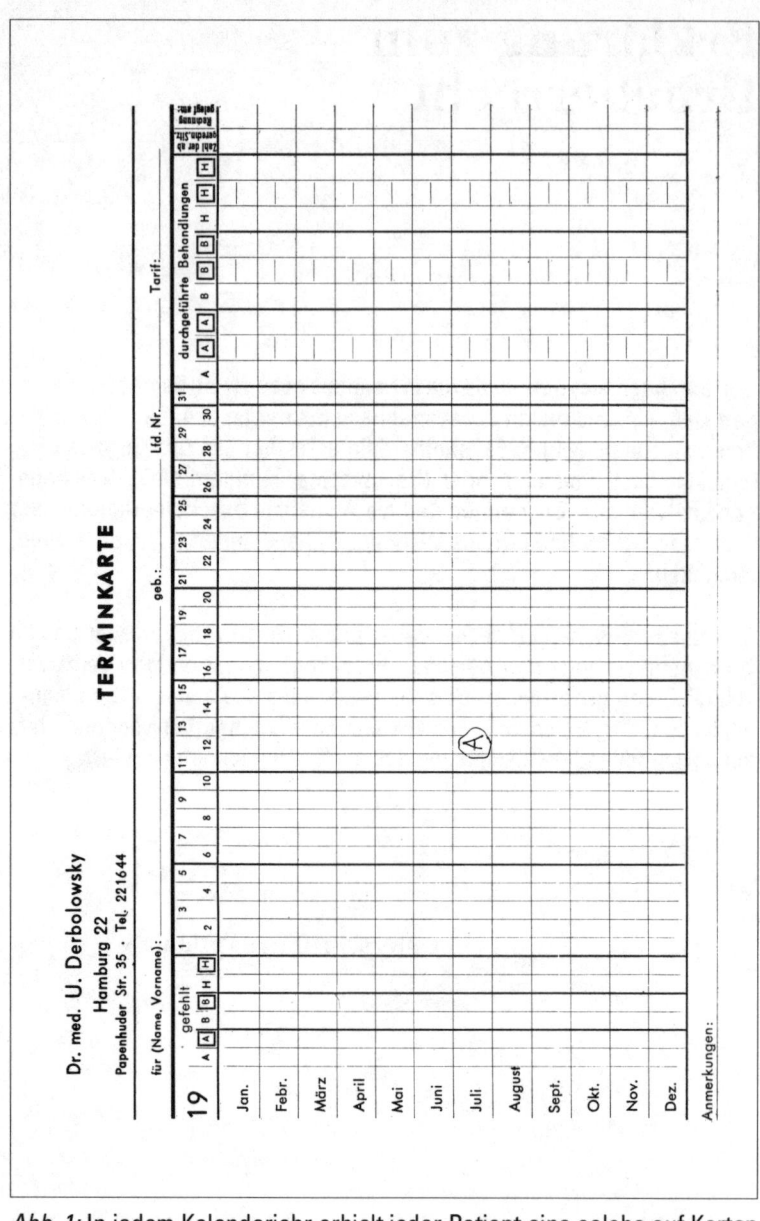

Abb. 1: In jedem Kalenderjahr erhielt jeder Patient eine solche auf Karton gedruckte Terminkarte, bei der hier als Beispiel am 12. 7. eine A-Einzelsitzung eingetragen ist.

Rp. **Alleinübungen**

für ....

Verordnung	Datum	beendet	Bemerkungen

Abb. 2: Von diesem Formblatt «Rezept für Alleinübungen» erhält der Pat. soviel er anfordert. Er füllt sich das Blatt selbst aus, zur eigenen Kontrolle. Er braucht es nie vorzulegen. Es ist wünschenswert, daß er nach jeder Behandlung etwas notiert, von dem er in der Sitzung erkannt hat, daß er es üben sollte. Wenn er das Übungsziel erreicht hat, trägt er dafür das Datum ein.

Laufzettel

Herr/Frau/Frl._____
geb.____hat Anschreiben, Grundkonstitution, Rp. für Alleinübungen, Urheberrechtsvereinbarung und Terminkarte ausgehändigt erhalten.

Als Honorar für die ambulante gruppenzentrierte multimodal-integrierte analytische Psychotherapie wird pro Grundkonstitutionssitzung DM___ vereinbart.

Herr/Frau Frl._____verpflichtet sich, beginnend mit_____,
an Herrn Dr. Derbolowsky eine monatliche Akontozahlung von DM_____
(in Worten_____) zu leisten.
Zusätzliche Einzelsitzungen werden gesondert berechnet: *A* mit DM_____
B mit DM_____und *H* mit DM_____

_____ , den _____

_____   _____
Dr. Derbolowsky   Patient

Schlußbemerkung

In dem vorliegenden Buch wird psychoanalytisches Vorgehen durchsichtig und für Interessenten praktikabel gemacht. Gleichzeitig werden ‹Spielregeln›, Einsichten und Techniken vermittelt, die sich für jede Psychotherapieform eignen. Sie haben sich auf dem ‹Prüfstand› von Agmap bewährt und werden hier vorgestellt.

Es handelt sich bei den ‹Spielregeln› nicht um Ordnungsansprüche, die an die Patienten herangetragen werden sollen, sondern um Vorleistungen zur Entlastung der Patienten, die mit einer solchen Ordnungsarbeit überfordert wären.

Wer beispielsweise in ein Krankenhaus geht, um sich einen Leistenbruch operieren zu lassen, der muß sich weder um die Sterilität im Operationssaal, noch um den Dienstplan der Ärzte, um die Gehälter der Angestellten oder ähnliches kümmern. Ein Patient wäre gänzlich überfordert, sollte er nun alles, was sich im Krankenhaus abspielt, selbst organisieren. Er darf mit Fug und Recht davon ausgehen, daß es für ihn ein frischbezogenes Bett, ausgebildetes Personal, sachverständige Ärzte, steriles Instrumentarium und, weiß der Himmel, was es noch alles gibt, eine Küche für die Verpflegung, Reinigungskräfte, eine funktionierende Verwaltung und natürlich auch einen verantwortlichen Operateur, der die erforderlichen medizinischen Maßnahmen zu einem bündigen Behandlungsplan integriert.

Wer wollte es gutheißen, wenn alle diese Notwendigkeiten dem Patienten als seine eigene organisatorische Aufgabe angelastet werden würden? Nehmen wir an, der Patient ist voll und ganz von dem Wunsch erfüllt, gesund zu werden und handelt dementsprechend kooperativ, was heute als Compliance bezeichnet wird. Dann ist es Aufgabe des Krankenhauses, alles vorbereitet und bereitgestellt zu haben, was für

Aufnahme, Unterbringung und Behandlung des Patienten erforderlich ist.

Es gibt allerdings auf dem Gebiet der Psychoanalyse Kollegen, die den Standpunkt vertreten, die Ermittlung und Errichtung der erforderlichen Ordnung durch den Patienten sei für diesen gleichbedeutend mit Heilungsschritten. Das mag im Einzelfall vielleicht zutreffen. Aber dann wird für das Verfahren, wie ich meine, viel zu viel Zeit gebraucht. Und nur zu oft wird dabei das gewünschte Ziel nicht erreicht. Davon zeugen unter anderem viele der bekannten Witze, in denen ein Patient nach mehrjähriger Psychoanalyse gefragt wird, ob es ihm besser geht und er darauf antwortet: «Danke für die Nachfrage! Es geht mir gut. Die Symptomatik habe ich zwar immer noch, aber sie stört mich nicht mehr und ich kenne jetzt die inneren Zusammenhänge.»

Ziel dieses Buches ist es, vorbereitete Ordnungsgefüge, Rahmenbedingungen oder Spielregeln, wie auch immer man das nennen will, für die Patienten bereitzustellen, um die Patienten insoweit zu entlasten, daß alle geistigen Kräfte auf die Heilung der Neurose konzentriert werden können.

Als ein Beispiel sei in diesem Zusammenhang noch geschildert, was passiert, wenn ein Patient in der Gruppe den Wunsch äußert, eine A-Gruppensitzung möge für ihn auf Tonband aufgezeichnet werden, weil er jene Sitzung zu seinem Bedauern versäumen müsse. Sofort melden sich Proteste aus der Gruppe. Andere wollen das Band auch abhören. Wessen Geräte und wessen Tonband werden benutzt? Was kostet das? Ganz abgesehen von dem womöglich fälligen Honorar für den Therapeuten? Darf der andere es mit nach Hause nehmen und womöglich Außenstehenden vorspielen? Wo wird es aufbewahrt? Wo wird es abgehört? Wann wird es von wem gelöscht? Wollte man alle diese Fragen, die sicher aufschlußreich und nützlich sind, erst einmal abwarten, ausdiskutieren und einvernehmlich regeln lassen, dann würde erfahrungsgemäß nicht nur die angesprochene Sitzung dahingehen, sondern viel mehr Zeit. Auch hier wäre es eine Entlastung, hätte man ein Formular vorbereitet, in dem die damit zusammenhängenden Rechtsfragen, Raum- und Kostenregelungen bereits berücksichtigt sind. Man könnte es den Beteiligten als einen annehmbaren Vorschlag unterbreiten, so daß sich die geäußerte Bitte in aller Kürze beantworten und erfüllen ließe. Und zwar nicht nur für dieses eine Mal, sondern wie es praktisch vorkommt, für viele derartige Bitten und Wünsche. Gleichzeitig wäre für die Bearbeitung, beispielsweise der Träume, Zeit gewonnen.

Mit den Spielregeln für Fußballspiele ist es nicht anders. Wenn die Spieler die vorgegebenen Regeln und ihre Positionen kennen, wenn der Rasen gepflegt, die Markierungen deutlich gezogen, die Tore in den gebotenen Abmessungen und am richtigen Platz aufgestellt sind, dann spielt es sich besser, einfacher, übersichtlicher, als wenn alles improvisiert ist.

Gleiches gilt nicht nur für Schach oder Skat, sondern im Grunde für alles, wo Menschen miteinander arbeiten, oder Spiele spielen.

Für jeden Interessierten sollte in diesem Buch durchsichtig und einleuchtend werden, *daß* und *welche* Voraussetzungen für die Durchführung einer Psychotherapie besonders förderlich sein können. Der relativ kurz gehaltene Text bedarf an vielen Stellen theoretischer Ergänzungen. Die Grundlagen und die Praxis der haltungs-, atem- und stimmtherapeutischen Arbeit sowie die traumverarbeitende Technik, die auf Assoziationen zu den Traumdetails verzichten kann, bedürfen weiterer Ausführungen, die den vorliegenden Text unübersichtlich aufblähen würden. Deshalb sei auf mein Buch «Individuelle Psychoanalyse als Gruppentherapie» verwiesen. Die emotional-menschlichen Seiten der Beziehung zwischen Patienten und ihrem Psychoanalytiker, die hier hinter den technischen Aspekten zurücktreten mußten, werden in meinem, gemeinsam mit Jakob Derbolowsky verfaßten Buch «Psychopädie» ausführlicher erläutert.

Schließlich habe ich meinen Mitarbeiterinnen und Mitarbeitern, ohne deren persönlich engagierten Einsatz Agmap nicht zustande gekommen wäre, herzlich zu danken. Es gab in unserer Arbeitsgruppe immer je eine Lehrerin der Schule Schlaffhorst-Andersen für die H-Arbeit, je eine Psychagogin bzw. einen Psychagogen, oder je eine Kunstmalerin bzw. einen Kunstmaler für die B-Arbeit und immer eine Sekretärin, der die organisatorische Koordination vielschichtiger Aufgaben oblag.

Auch wenn ich die vielen Namen derer, die gemeinsam mit mir in 25 Jahren hunderte von Psychotherapiepatienten behandelt haben, hier nicht aufzählen kann, so weiß ich mich ihnen dennoch in herzlicher Dankbarkeit verbunden. Auch die Entbehrungen, die sich für die Mitglieder meiner Familie aus dieser Art beruflicher Tätigkeit zwangsläufig ergeben haben, sollen nicht unerwähnt bleiben. Um so mehr, weil sie alle miteinander diese Aufgaben – jeder auf seine Weise – engagiert mitgetragen haben. Insbesondere gilt mein Dank dem Herausgeber Dr. Graf-Baumann und der Lektorin Frau Engel sowie dem gesamten Birkhäuser Verlag für die aufgeschlossene und verständnisvolle Zusammenarbeit.

Möge die Veröffentlichung dieses Buches vielen Kollegen, vielen Patienten, vielen, die eines von beiden werden wollen, und vielen Interessenten, die besser verstehen möchten, worum es bei Psychoanalyse eigentlich geht, Anregungen geben und sich damit als segensreich erweisen.

Literaturverzeichnis

Adler, A.
- Individualpsychologie in der Schule 5. Aufl., Frankfurt/M 1981

Alexander, Gerda
- Eutonie. Ein Weg der körperlichen Selbsterfahrung 6. Aufl., München 1986

Bion, Winfried R.
- Erfahrungen in Gruppen und andere Schriften, Frankfurt 1990 Experiences in Groups. Basic Books Inc. New York 1961

Derbolowsky, Udo
- Hypno-Analyse / Möglichkeiten, Grenzen und Indikation Psychiatr. In: Neurol. Med. Psychol. Leipzig 1948;2 (5)
- Vorraussetzungen ambulanter analytischer Gruppenpsychotherapie. Psychother. med. Psychol. 1959;9 (5)
- Analytische Gruppenpsychotherapie in der ärztlichen Privatpraxis. Int. Kongr. Gruppenpsychotherapie, 1959;2 auch in Acta psychother. 1959;7 (Suppl.)
- Multilateral Resistence in Groups of Patients. In: Moreno, Jakob L. (Ed.): International Handbook of Group Psychotherapie, New York, Philosophical Library, 1966
- Bemächtigungstherapie als psychotherapeutische Kategorie (Occupationsanalyse) Prax. Psychother. 1966;11 (6) (Gemeinsam mit Gretel Derbolowsky)
- Über die Bedeutung der Freud'schen Abstinenzregel für die analytische Gruppenpsychotherapie Group analysis. 1967;1
- Über den Abstinenzbegriff bei Sigmund Freud mit seinen Konsequenzen für die Gruppenpsychotherapie. In: Zeitschrift Psychother. med. Psychol. 1968;18 (5)
- Zum Problem der Immunität von Arzt und Patient in Analysegruppen. In: Int. Kongr. Gruppenpsychother. 1968,4
- Gruppenarbeit unter dem Gesichtspunkt der Freud'schen Abstinenzregel In: Gruppenpsychotherapie und Gruppendynamik, 1968;2
- Zum Problem der gegenseitigen Immunität in Analysegruppen. In: Fortschritte der Psychoanalyse. 1970;4
- Mutual Immunity in Analysis Groups and Freud's Conception of Abstinence Psychother. Psychosom. 1969, 17 (–6)
- El cambio de papeles en la dinámica de grupo como técnica psicoanalítica en la psicoterapia de grupo y en la individual. Rev. psicoanal., psiquiatr. psicol. 1972;21

- Three-Stage Technique of dream Interpretation. In: Contemporary Psychoanalysis 1975;11 (1)
- Psychoanalyse, Psychotherapie. Ordnungsgesichtspunkte für medizinische Daten – Der Arbeitskreis «Psychotherapie, Psychosomatik» in der GMDS – Kommunikationsstufen der medizinischen Datendokumentation – Fachspezifische Dokumentation in der Psychotherapie – Literatur. In: Koller, S./Wagner, G. (Hrsg.): Handbuch der medizinischen Dokumentation und Datenverarbeitung. Stuttgart, New York 1975
- Kränkung, Krankheit und Heilung in leiblicher, seelischer und geistiger Sicht (2. Aufl.) Schriftenreihe Erfahrungsheilkunde, Heidelberg 1981
- Haltungssanalytische Atem-, Sprech- und Stimmtherapie Schriftenreihe Erfahrungsheilkunde, Heidelberg 1978
- Richtig atmen hält gesund Düsseldorf, Wien 1978, 1984
- Selbstversenkung als Psychotherapie, Therapiewoche 1980 (25)
- Methodenintegration in Erziehung und Krankenbehandlung Erfahrungsheilkunde 1980;29 (9)
- Mit dem Atem erhält der Mensch nicht nur seine Lebendigkeit. Haltung Atmung und Stimme als Instrumente pädischer und therapeutischer Anwendungen. In: Musik und Medizin 1982 (5) gemeinsam mit Derbolowsky, Regina)
- Individuelle Psychoanalyse als Gruppentherapie, Heidelberg 1982
- Methodenintegration – insbesondere in der Psychotherapie. In: Petzold, Hilarion (Hrsg.) Methodenintegration in der Psychotherapie, Paderborn 1982
- Lambanopädie (Bemächtigungsumgang mit Material). In: Erfahrungsheilkunde 1982;32 (1)
- Die Entstehung von Verhaltensstörungen in der frühen Kindheit und ihre Unabhängigkeit vom Erziehverhalten. In: Heilpädagogik 1983;34 (1)
- Atem-, haltungs- und stimmtherapeutische Maßnahmen bei einem Fall von Magersucht. In: Erfahrungsheilkunde 1985;35 (4)
- Psychosomatische Krankheitsauffassung in Diagnostik und Therapie Das Seminar 1986;9(1)

Derbolowsky, Udo und Derbolowsky, Jakob
- Psychopädie, München 1990

Derbolowsky, Udo und Eberhart , Stefan (Hrsg.)
- Die Wirklichkeit und das Böse, Hamburg 1970

Derbolowsky, Jakob
- Psychosomatische Störungen – Psychosomatische Krankheiten. In: Derbolowsky, J./Middendorf, I. (Hrsg.) Psychosomatische Störungen. Pneopädische und psychopädisch-psychotherapeutische Sicht- und Umgangsweisen, Heidelberg 1986

Derbolowsky, Jakob und von Steinaecker, K. (Hrsg.)
- Der schwierige Fall, Heidelberg 1988

Dürckheim, K. Graf von
- Im Zeichen der großen Erfahrung, München 1951
- Durchbruch zum Wesen, Zürich 1954
- HARA. Die Erdmitte des Menschen, Weilheim/Obb. 1970

Eberhardt, Margarete
- Das Werten, Hamburg 1950

- Das Erkennen, Hamburg 1952
- Das Handeln, Hamburg 1954

Feldenkrais, Moshé
- Der aufrechte Gang, Frankfurt/M. 1968
- Bewußtheit durch Bewegung, aus dem Engl. v. Wurm, Franz Frankfurt/M. 1978

Ferenczi, Sandor
- Ohne Sympathie keine Heilung, Frankfurt/M. 1988
- Zur Erkenntnis des Unbewußten, München 1978

Frankl, V.E.
- Der Wille zum Sinn 3. erw. Aufl., Bern 1982
- Das Menschenbild der Seelenheilkunde, Stuttgart 1959
- Psychotherapie in der Praxis. Eine kasuistische Einführung für Ärzte Wien 1961, Piper 1986

Freud Sigmund
- Gesammelte Werke Bd. 1–18, London 1940–1977

Groddeck, Georg
- Das Buch vom Es. Psychoanalytische Briefe an eine Freundin München 1961, Ullstein 1988
- Der Mensch und sein Es. Briefe – Aufsätze – Biografisches Hrsg. v. Honegger, M., München 1970
- Psychoanalytische Schriften zur Psychosomatk, München 1976
- Verdrängen und heilen. Aufsätze zur psychosomatischen Medizin, Frankfurt/M. 1988

Jaschke, Helmut
- Psychotherapie aus dem neuen Testament. Heilende Begegnungen mit Jesus 2. Aufl., Freiburg 1988

Jung, Carl Gustav
- Grundwerk 9 Bde. Hrsg. von Barz, Baumgardt, Blomeyer, Dieckmann, Remmler, Seifert, Olten 1984

Künkel, Hans
- Die Sonnenbahn, Neuhausen 1981

Lowen, Alexander
- Bio-Energetik. Therapie der Seele durch Arbeit mit dem Körper, Reinbeck 1988

Meyer, Conrad Ferdinand
- Gedichte, Reclam UB 6941

Middendorf, Ilse
- Der erfahrene Atem 2. Aufl., Paderborn 1985

Moreno, Jacob L.
- Gruppenpsychotherapie und Psychodrama 3. Aufl., Stuttgart 1988

Ohloff, Axel
- Gespräche, Bietigheim 1986

Perls Fritz
- Grundlagen der Gestalttherapie 6. Aufl., München 1989

Petzold, Hilarion
- Integrative Bewegungs- und Leibtherapie, Paderborn 1988

- Scheminsky, F. und Allers, R. Pflügers Arch. 212, 1926

Schultz-Hencke, Harald
- Schicksal und Neurose, Jena 1931
- Der gehemmte Mensch, Stuttgart 1982
- Lehrbuch der Traumanalyse, Stuttgart 1949
- Lehrbuch der analytischen Psychotherapie 5. Aufl., Stuttgart 1988

Staudinger, Hugo u. Behler, Wolfgang (Hrsg.)
- Chance und Risiko der Gegenwart, Paderborn 1976
- Wer ist der Mensch, Paderborn, 1976
- Der Atheismus als politisches Problem. Ein Beitrag zur Klärung der gegenwärtigen Situation. ibw Journal, 16. Jahrgang 8, 1978
- Das bleibende Vermächtnis der Frankfurter Schule. Ein Beitrag zur Klärung der gegenwärtigen Situation. ibw Journal, Sonderbeilage August 1980
- Mensch und Gesellschaft zwischen Fortschrittsgläubigkeit und Protest in einer säkularisierten Welt. ibw Journal, Sonderbeilage Juli/August 1981

Wolff, Hanna
- Jesus als Psychotherapeut 7. Aufl. Radius Pb 27, 1986